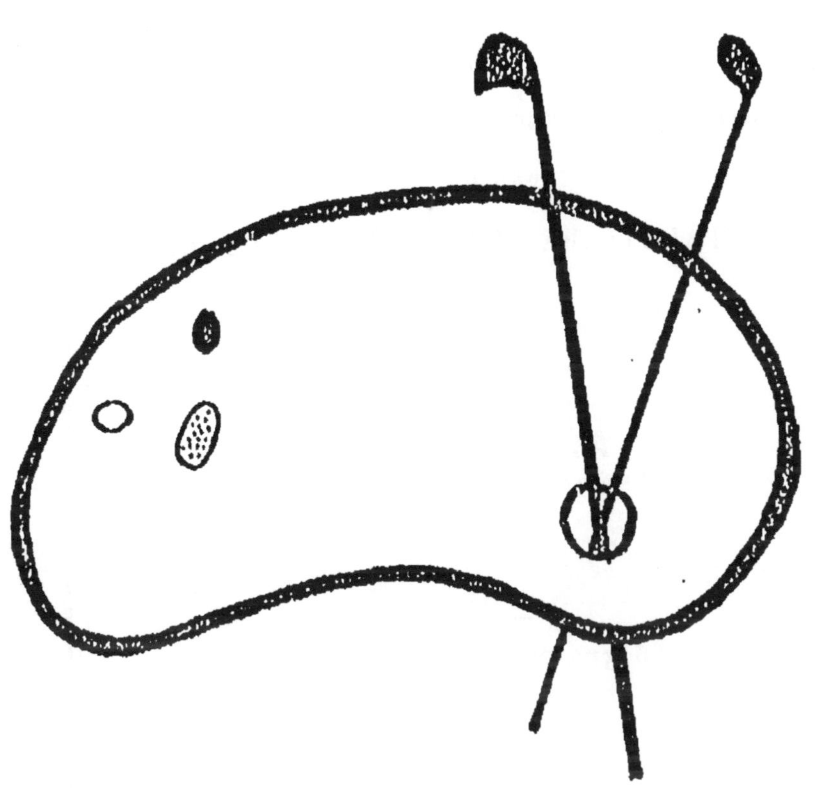

DEBUT D'UNE SERIE DE DOCUMENTS
EN COULEUR

LEÇONS DE CHOSES

RÉDIGÉES

Conformément aux programmes du 28 janvier 1890

POUR LA

CLASSE PRÉPARATOIRE DES LYCÉES ET COLLÈGES

PAR

A. BAROT

Professeur au lycée Louis-le-Grand

Avec 226 gravures dans le texte

PARIS

ANCIENNE LIBRAIRIE GERMER BAILLIÈRE ET Cie

FÉLIX ALCAN, ÉDITEUR

108, BOULEVARD SAINT-GERMAIN, 108

1891

Prix du volume cartonné à l'anglaise, 2 francs.

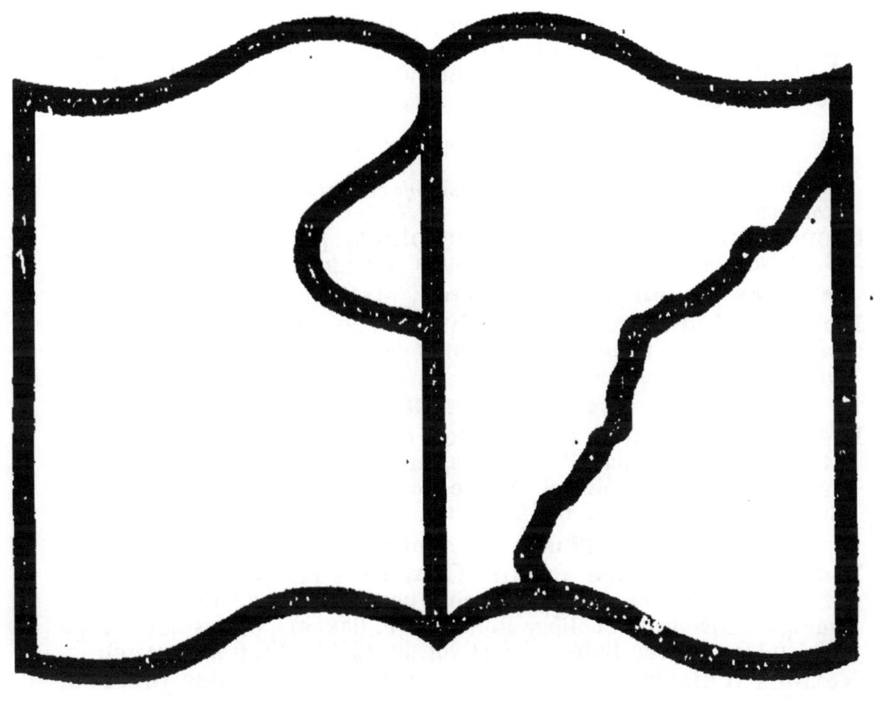

Texte détérioré — reliure défectueuse

NF Z 43-120-11

AUTRES OUVRAGES POUR LES CLASSES ÉLÉMENTAIRES DES L... ...ES

Classe préparatoire.

Récits et biographies historiques, par G. DHOMBRES, professeur d'histoire au lycée Henri IV, et G. MONOD, maître de conférences à l'École normale supérieure, directeur-adjoint à l'École des Hautes études. 1 vol. in-12, cartonné.................................... 3 fr.

On vend séparément :

Première partie : *Histoire ancienne, grecque et romaine.* 1 vol. in-12, cartonné, 3° édit.................................... 1 fr.

Deuxième partie : *Histoire du moyen âge et Histoire moderne.* 1 vol. in-12, cartonné, 2° édit.................................... 2 fr.

Scènes historiques et biographies, par G. DHOMBRES et G. MONOD. 1 vol. in-12 avec gravures (*sous presse*).

Classes de huitième, septième, sixième et cinquième.

Notions élémentaires d'arithmétique, accompagnées *d'exercices de calcul mental,* avec figures dans le texte, questionnaires, problèmes et exercices. 1 vol. in-12, cartonné, 3° édit.... 1 fr. 50

Classe de huitième.

Histoire de France depuis les origines jusqu'à la mort de Louis XI, par P. BONDOIS, professeur agrégé d'histoire au lycée Buffon, et G. MONOD, maître de conférences à l'École normale supérieure. 1 fort vol. in-12, 2° édit. (*sous presse*).

Classe de septième.

Histoire de France depuis Charles VIII jusqu'à 1815, par L. BOUGIER, ancien élève de l'École normale supérieure, professeur agrégé d'histoire au collège Rollin, et P. BONDOIS, professeur agrégé d'histoire au lycée Buffon. 1 fort vol. in-12, 2° édit. (*sous presse*).

Notions d'histoire naturelle des terrains et des pierres, par LEFEBVRE, ancien élève de l'École normale supérieure, professeur agrégé au lycée de Versailles. 1 vol. in-12, avec 85 gravures dans le texte, 3° édit., cartonné.................................... 1 fr. 50

Classe de sixième.

Cours élémentaire de zoologie, par E. BELZUNG, docteur ès sciences, professeur au lycée Charlemagne. 1 vol. in-18, cartonné, avec 372 gravures dans le texte.................................... 2 fr.

Histoire ancienne des peuples de l'Orient, par CH. NORMAND, docteur ès lettres, professeur agrégé d'histoire au lycée Michelet (Vanves). 1 vol. in-12, cartonné avec 60 gravures dans le texte et 5 cartes coloriées hors texte.................................... 2 fr. 50

Classe de cinquième.

La géologie, par E. GEIKIE, professeur de géologie et de minéralogie à l'Université d'Édimbourg, 2° édit. 1 vol. in-32 avec 47 gravures dans le texte, broché 60 cent., cartonné à l'anglaise........ 1 fr.

Cours élémentaire de botanique, par LE MONNIER, professeur de botanique à la Faculté des sciences de Nancy. 1 vol. in-12, avec 258 figures dans le texte, 4° édit., cartonné.................................... 2 fr.

Histoire grecque depuis les origines jusqu'à la conquête romaine, par CH. NORMAND, docteur ès lettres, professeur agrégé d'histoire au lycée Michelet (Vanves). 1 vol. in-12, cart., avec 42 gravures dans le texte et 4 cartes coloriées hors texte........ 3 fr. 50

934. — Imprimeries réunies, A, rue Mignon, 2, Paris.

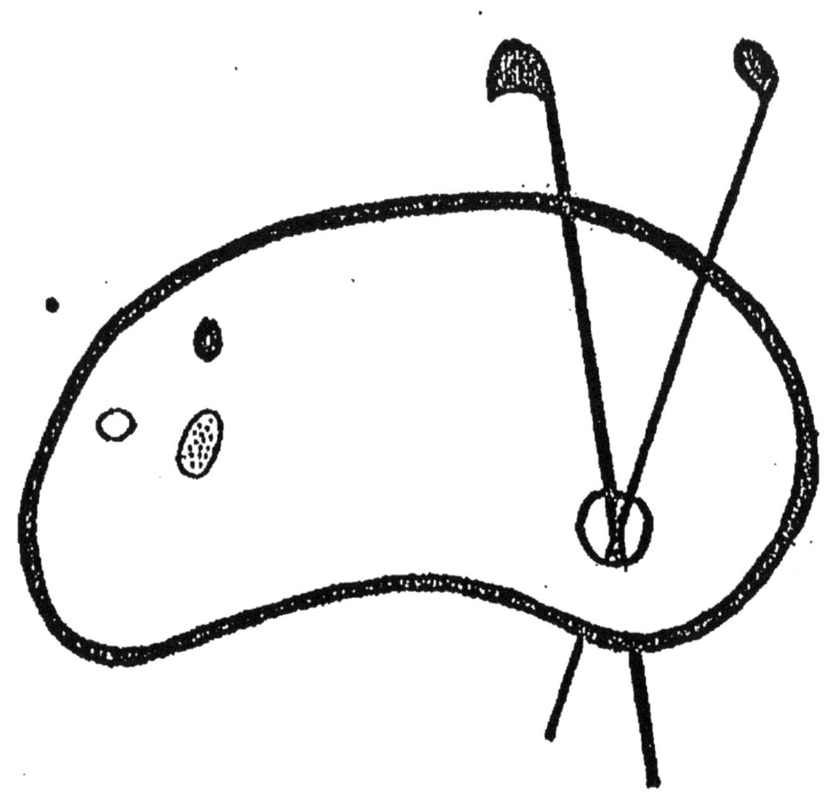

FIN D'UNE SERIE DE DOCUMENTS
EN COULEUR

LEÇONS DE CHOSES

LEÇONS DE CHOSES

RÉDIGÉES

Conformément aux programmes du 28 janvier 1890

POUR LA

CLASSE PRÉPARATOIRE DES LYCÉES ET COLLÈGES

PAR

A. BAROT

Professeur au lycée Louis-le-Grand

Avec 226 gravures dans le texte

PARIS

ANCIENNE LIBRAIRIE GERMER BAILLIÈRE ET Cie

FÉLIX ALCAN, ÉDITEUR

108, BOULEVARD SAINT-GERMAIN, 108

1891

Tous droits réservés

LEÇONS DE CHOSES

Première Leçon.

LES TROIS RÈGNES DE LA NATURE

1. — Mes amis, nous commençons aujourd'hui la partie de notre programme, qui porte le nom de *Leçons de choses.*

Dans ces leçons, nous parlerons des *animaux*, des *végétaux*, des *minéraux*, en un mot, des trois *règnes de la nature*, qui sont :

1º Le *règne animal;*

2º Le *règne végétal;*

3º Le *règne minéral.*

Mais, avant d'aller plus loin, je veux vous raconter une histoire qui est arrivée, pendant les vacances, à un petit garçon qui occupait ici, dans cette classe, il y a quelques semaines, la place que l'un de vous occupe en ce moment. Je ne vous dirai pas son nom, car il est encore au lycée, vous le connaissez tous, et il n'est pas très fier de l'aventure qui lui est arrivée. Il ne tient pas à ce qu'on la répète en y mêlant son nom.

Voici l'histoire :

Cet élève avait assez bien travaillé durant l'année scolaire, et savait à l'avance qu'il aurait des prix. Aussi, pour le récompenser, ses parents lui avaient-ils promis de l'emmener en Suisse, pour lui faire admirer les beautés de ce pays. Il était enchanté de ce long voyage, et sa joie était très visible.

Mais au moment du départ, notre écolier perdit un peu la tête, tant cette joie était grande.

Il partit donc avec tous ses parents et les domestiques, sans songer à confier à quelqu'un le soin d'un serin qu'il avait en cage, et d'un pied de giroflée qu'il soignait dans un pot à fleurs.

Ses deux mois de vacances se passèrent plus gaiement pour lui que pour ses *pensionnaires*, car, lorsqu'il avait besoin de nourriture, il en prenait; il mangeait et buvait quand bon lui semblait; mais il n'en était pas ainsi pour ses pensionnaires, qui se trouvaient enfermés dans une chambre.

Quel triste spectacle l'attendait à son retour : de l'oiseau il ne restait plus que quelques plumes et les os; de la giroflée, plus que la tige desséchée, avec quelques fragments de feuilles! Et le morceau de marbre, sur lequel était placé le pot à fleurs, n'avait pas changé, lui; il était tel qu'on l'avait laissé au moment du départ.

Vous devinez sans peine pourquoi, des trois objets, deux n'étaient plus les mêmes qu'auparavant, et l'autre n'avait subi aucun changement.

L'oiseau et la giroflée étaient morts. Les animaux et les végétaux meurent donc. L'oiseau est sorti d'un œuf pondu par un autre oiseau semblable à lui, *il est né, il s'est nourri, il a grandi, il a vécu, il est mort.*

La giroflée est venue d'une graine produite par un végétal semblable à elle; *elle est née aussi, elle s'est nourrie, elle a grandi, elle a vécu, elle est morte aussi.*

Que pouvons-nous donc conclure de tout cela? Que *les animaux et les végétaux naissent, se nourrissent,* grandissent, *vivent et meurent : ce sont des êtres vivants, des êtres organisés.*

Et le morceau de marbre n'est pas mort, lui. Non, la *pierre ne naît pas, ne se nourrit pas, ne grandit pas, ne vit pas : c'est un corps brut, un corps inorganique.*

Les choses de la nature se divisent donc en deux groupes bien distincts : 1° les *êtres vivants;* 2° les *corps non vivants.*

Pourquoi le serin et la giroflée sont-ils morts? C'est qu'ils n'avaient ni à boire, ni à manger : la nourriture leur a manqué.

L'être vivant a donc besoin de nourriture. Si celle-ci lui est supprimée, il meurt infailliblement.

Nous avons trouvé un grand nombre de caractères communs aux animaux et aux végétaux; mais ne pourrions-nous pas trouver de quoi les distinguer les uns des autres?

Un oiseau marche, sautille, vole, s'en va, revient, fait des *mouvements volontaires.* Un arbre reste toujours à la même place, si on ne l'arrache pour le transporter ailleurs; le vent fait aller ses branches de droite et de gauche, mais son pied reste toujours à la même place. Si le vent cesse de l'agiter, il cesse de remuer. *L'arbre ne se meut donc pas volontairement.*

C'est là le caractère distinctif de ces deux groupes :

Les animaux font des mouvements volontaires.

Les végétaux ne font pas de mouvements volontaires.

Comment les corps vivants et les corps bruts nous sont utiles.

2. — Parmi les êtres vivants et les corps bruts, les uns nous sont utiles, les autres nous sont nuisibles.

D'autres enfin peuvent nous sembler indifférents. Mais parmi ceux que l'on croit indifférents aujourd'hui, peut-être y en a-t-il qui, demain, seront reconnus utiles ou nuisibles.

Le Cheval, l'Ane, le Mulet, le Bœuf et la Vache, la Chèvre, le Mouton, le Porc et quantité d'autres animaux nous sont d'une très grande utilité, soit par leur travail, soit par leur chair, soit enfin par leur peau que l'on transforme en cuir.

Le Ver à soie, l'Abeille et plusieurs autres insectes travaillent pour l'homme.

Les oiseaux, les poissons lui servent de nourriture.

Passons aux plantes :

Les unes lui fournissent une nourriture journalière; les autres lui donnent des vêtements, du bois de chauffage ou de travail, des couleurs; d'autres servent à le guérir ou tout au moins à le soulager de ses maux.

Dans le règne minéral, nous trouvons également des corps utiles, comme ceux qui servent à faire les murs et la toiture de nos demeures, des outils pour travailler le bois et la terre.

Sans doute que tout dans la nature a son utilité.

Questionnaire. — En combien de règnes se divisent les choses de la nature? — Nommez ces trois règnes. — Racontez l'histoire qui est arrivée à un élève du lycée pendant les vacances dernières. — Nommez les deux grands groupes des choses de la nature. — Qu'est-ce qui distingue les êtres vivants des corps bruts? — Quelles différences y a-t-il entre les végétaux et les animaux? — Comment les choses de la nature nous sont-elles utiles?

I

RÈGNE ANIMAL

Deuxième Leçon.

ANIMAUX DOMESTIQUES. — ANIMAUX SAUVAGES

3. — Nous continuerons l'étude des choses de la nature par le règne animal.

Au point de vue de leur genre de vie, les animaux se divisent en deux catégories :

1° Les *animaux domestiques*, qui vivent sous la domination de l'homme ;

2° Les *animaux sauvages*, qui vivent en liberté dans les bois et les plaines.

Ceux qui sont réduits à la domesticité sont nos serviteurs ; et, à ce titre, nous devons les soigner, les défendre, les traiter avec douceur.

Au point de vue des services qu'ils rendent à l'homme, on peut encore diviser les animaux en deux nouveaux groupes :

1° Les *animaux utiles* ;

2° Les *animaux nuisibles*.

Nous nous occuperons tout particulièrement des premiers, en commençant par le Mouton.

Les Moutons.

4. — On entend souvent dire d'un Cheval docile : « doux comme un Agneau, comme un Mouton ». C'est qu'en effet, le Mouton et la Brebis, et surtout leur petit, appelé *Agneau*, sont des animaux très doux.

Les Moutons nous rendent d'immenses services :

leur chair est un aliment sain ; leur peau habilement
préparée avec sa laine est un manteau chaud et pré-

Fig. 1. — Mouton à longue laine (1m,10).

cieux pour les personnes que leurs occupations appellent au dehors durant la rude saison d'hiver.

Cette peau, débarrassée de sa laine et tannée, est

utilisée pour la confection de différents objets bien connus de vous tous.

Cette *laine* sert à faire de chaudes et solides étoffes.

On élève et l'on soigne presque toujours le Mouton par quantité. L'ensemble des bêtes soignées chez le même cultivateur forme un *troupeau*, conduit par un berger aidé d'un Chien fidèle qui obéit à sa voix. Le berger mène paître le troupeau dans la plaine ou sur la montagne, et le soigne encore à la bergerie, nom que l'on donne à l'habitation de ces animaux. C'est de lui que dépendent presque toujours la valeur et la beauté du troupeau confié à sa garde.

Fig. 2. — Parc à Moutons.

La cabane du berger est à gauche; elle est montée sur des roues, ce qui permet de la changer de place. Le parc n'est ici fermé que de trois côtés.

Les Moutons sont quelquefois réunis dans un *parc* où ils passent la nuit. Ils fument ainsi le sol sur lequel ils se trouvent.

Un berger intelligent doit connaître et savoir combattre les différentes maladies auxquelles ses bêtes sont sujettes.

La Brebis donne un lait de bonne qualité. Dans quelques pays, les ménages pauvres ont une ou deux Brebis, comme ailleurs on a une ou deux Chèvres, dont le lait leur sert de nourriture, et avec lequel ils fabriquent un excellent fromage.

Tonte des Moutons.

5. — Tous les ans, au printemps, on coupe la laine du Mouton : c'est ce que l'on appelle la *tonte*.

Une personne couche l'animal par terre, lui attache les pattes ensemble avec une bande de toile pour le *tenir en respect*, et lui coupe la laine avec de grands ciseaux.

La quantité de laine fournie par un Mouton constitue une *toison*.

Cette laine est ensuite dégraissée, lavée, filée, puis tissée soigneusement, c'est-à-dire transformée en tissus, tels que ceux de nos vêtements.

Sur le dos du Mouton, elle est imprégnée d'une matière grasse nommée *suint*, et encore salie par les ordures de ces mêmes animaux quand ils ne sont pas suffisamment pourvus de litière propre.

Certains cultivateurs baignent et lavent bien les Moutons avant de les tondre : ce qui est une excellente précaution.

Cardage et filage de la laine.

6. — La laine, bien lavée et bien sèche, est ensuite *cardée*, c'est-à-dire peignée à l'aide d'un grand peigne à longues dents, appelé *carde*.

La laine est aussi employée à faire des matelas ; mais, si l'on veut la convertir en tissus, en drap, il faut la *filer*.

Dans les campagnes, on la filait autrefois à la quenouille, comme le lin et le chanvre, mais presque toujours, maintenant, elle est filée dans des usines appelées *filatures*, à l'aide de grandes machines fort compliquées.

Tissage de la laine.

7. — La laine filée, on la convertit en étoffe en en croisant ses fils d'une manière convenable.

Des fils d'une longueur déterminée suivant la longueur que l'on veut donner à la *pièce* d'étoffe, sont fixés par les deux extrémités à des tours sur lesquels ils s'enroulent, et forment ce que l'on est convenu d'appeler la *chaîne*. Arranger les fils de la *chaîne*, c'est *ourdir*.

Au moyen d'un petit *sabot* appelé *navette*, dans laquelle il y a une *bobine* de fil, on croise le fil de la chaîne avec celui de la navette, on obtient un tissu, de l'étoffe. Le fil que l'on conduit avec la navette entre les fils de la *chaîne*, forme la *trame*. Passer la trame, cela s'appelle *tramer*.

Les étoffes de laine protègent bien du froid.

8. — Les étoffes de laine ont la propriété d'empêcher la chaleur du corps de se répandre dans l'atmosphère et de le maintenir, par conséquent, à une température convenable, même en hiver pendant les froids les plus rigoureux.

Voilà pourquoi nous mettons des vêtements de laine durant l'hiver.

Les Fourrures.

9. — Je vous ai dit que la peau du Mouton préparée avec la laine constitue un chaud et précieux manteau : c'est ce qu'on appelle une *fourrure*.

Le Mouton n'est pas la seule bête dont la peau se prépare ainsi. Un certain nombre d'animaux fournissent des fourrures, soit comme objet de première nécessité, soit comme parure.

Les principaux sont : les Martres, les Loutres, les Ours, les Tigres, les Panthères, les Léopards, le Chinchilla qui vit en Amérique, et bien d'autres encore.

Le *crin* qui sert à remplir les traversins, les matelas,

à rembourrer les fauteuils, les canapés, à faire des

FIG. 3. — Martre fouine (0ᵐ,35).

brosses, etc., est aussi le poil de certains animaux,
mais un poil moins souple que celui du Mouton.

FIG. 4. — Ours d'Europe (longueur : 1ᵐ,30).

Le feutre, qui sert à faire des chapeaux, des semelles de chaussures, est aussi une sorte d'étoffe de laine ou de poils non tissés, mais collés ensemble par une forte pression.

Le *feutre* des chapeaux est en poil de Lapin.

Troisième Leçon.

LA VACHE ET LA CHÈVRE
LE LAIT, LE BEURRE ET LE FROMAGE

La Vache.

10. — Aujourd'hui, mes enfants, nous allons nous occuper du lait, du beurre et du fromage.

La Vache et la Chèvre sont à peu près les deux seules bêtes élevées en France pour la production du lait.

FIG. 5. — Vache. — M, mamelles.

La Vache, moins forte que le Bœuf, est cependant employée aux durs travaux des champs chez quelques petits fermiers trop pauvres pour avoir à la fois Vaches et Bœufs. Elle sert alors à deux fins : à tirer la charrue et à donner le lait, le beurre et le fromage, dont une partie sera consommée par la famille, et l'autre vendue pour subvenir aux frais du ménage.

Le lait de la Vache est riche en crème, et est à peu près le seul qui donne du beurre en suffisante quantité pour qu'on puisse en fabriquer avec profit.

Après avoir fourni du lait pendant toute sa vie, et quelquefois du travail en même temps, cette bonne bête nous donne encore sa chair pour nourriture. Sa viande est dure, mais n'est cependant pas sans valeur.

Sa peau, tannée, donne un cuir utilisé pour une foule d'objets.

La Vache doit donc être entourée de tous les soins et de tous les égards que mérite son grand rôle si largement rempli.

Elle est souvent toute la ressource et toute la fortune des ménages pauvres.

Son petit, que l'on appelle *Veau*, a une chair tendre qui est une nourriture exquise.

Une seule Vache bonne laitière peut donner six à sept litres de lait par jour, et trois kilogrammes de beurre par semaine.

Le lait de toutes les Vaches n'est pas également riche en beurre.

La Chèvre.

11. — Après la Vache vient tout naturellement la *Chèvre* pour la production du lait.

La Chèvre est une bête d'une grande utilité. Son lait est excellent, fortifiant et doux; il donne un *beurre* exquis, mais en trop petite quantité pour qu'on s'occupe de sa fabrication. Celui qui n'est pas consommé en nature est converti en un excellent fromage.

La *Chèvre* est un peu sauvage, mais docile quand elle est traitée avec douceur. Elle est vive, capricieuse; elle se plaît dans les lieux escarpés et dangereux, où elle va brouter les herbes odoriférantes qui donnent une saveur agréable à son lait gras et parfumé. Elle allaite ses petits, que l'on nomme *Chevreaux*. Sa chair est dure et filandreuse; mais celle des Chevreaux encore tout jeunes est très estimée.

La Chèvre commune n'a pas, comme le Mouton, un poil propre à fabriquer des tissus, mais la Chèvre de *Cachemire*, originaire d'Asie et acclimatée dans notre pays, produit le tissu sans rival des châles de ce nom, et la *Chèvre angora* est couverte d'une toison magnifique, longue, fine, ondulée.

Cette dernière est aussi acclimatée dans notre pays.

A cause de son prix modique, la Chèvre remplace souvent la Vache chez les pauvres gens. Aussi a-t-elle été surnommée la *Vache du pauvre.*

Je dois cependant vous dire, mes amis, que dans quelques cantons de notre beau pays, le riche a aussi quelques-unes de ces précieuses bêtes.

Les Chèvres sont répandues par toute la France, mais les régions montagneuses en possèdent davantage que les régions des plaines, et le *Mont-d'Or*, près de Lyon, est le pays de France qui en possède le plus, relativement à son étendue. Il y en a environ vingt-cinq mille sur un tout petit territoire.

La Laiterie.

12. — S'il vous arrive de visiter une ferme, n'oubliez pas d'entrer dans la *vacherie*, le logement des Vaches; vous y verrez peut-être la fermière occupée à traire ses *pensionnaires*, à faire couler le lait dans un seau qui doit être d'une très grande propreté.

La *traite* terminée, le lait est porté dans un endroit spécial, appelé *laiterie*, où l'on fabrique le *beurre* et le *fromage*. Là, le lait est versé dans de grands pots de grès, également tenus dans un parfait état de propreté.

La Crème et le Beurre.

13. — Voyons ce qui se passe dans ces pots.

Le lait fraîchement tiré est blanc, mais celui de la traite précédente paraît jaune. Pourquoi, mes amis, cette différence de couleur? C'est que la *crème*, la *partie la plus légère du lait*, est montée à la surface et montre sa couleur jaune.

Prenez une cuillère et enlevez délicatement cette crème : au-dessous, le liquide est blanc comme il l'était en sortant du *pis* ou *mamelle* de la Vache. C'est encore du lait, ou plutôt une partie du lait.

Quand toute la crème est montée à la surface du liquide, on la recueille avec une large cuillère peu profonde et percée de nombreux petits trous. Le lait passe au travers et la crème seule reste dedans. C'est ainsi qu'on a du *lait écrémé*.

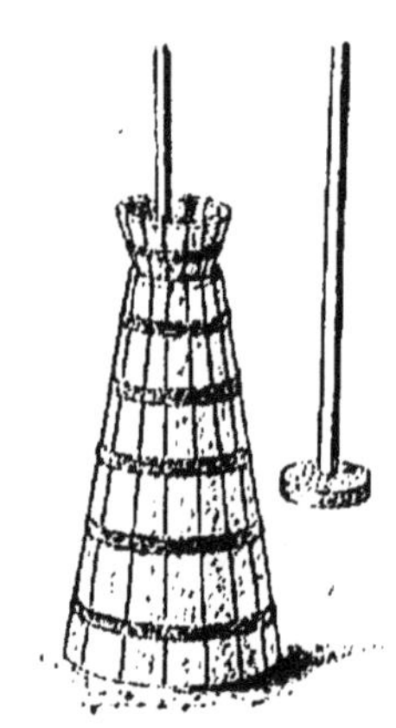

Fig. 6 et 7. — Baratte et son pilon.

C'est le moment de procéder à la fabrication du beurre et du fromage. Voyons d'abord comment on s'y prend pour *transformer la crème en beurre*. Nous parlerons du fromage ensuite.

Pour obtenir du *beurre*, on met la crème dans un grand vase en bois, nommé *baratte*, qui est plus étroit du haut que du bas. A l'aide d'un *pilon*, également en bois, on remue fortement la crème, on la mêle, on la tourne, on la *bat*. A la suite de ce travail, la partie jaune s'épaissit : c'est le *beurre* qui se sépare d'un liquide blanchâtre appelé *petit-lait*.

Ce petit-lait est donné aux Porcs, qui en sont très friands. Il renferme une assez grande quantité de sucre, que l'on peut en extraire.

Voilà comment se fabrique le beurre dans les petits ménages ; mais dans les fermes, pour aller plus vite, on se sert d'une autre *baratte* ayant la forme d'un *baril* et munie, à l'intérieur, de planchettes ou ailes ; on fait tourner ces ailes au moyen d'une manivelle comme celle du treuil d'un puits. Qu'arrive-t-il ? La crème est fortement battue par les ailes, et le beurre se sépare du petit-lait. Le résultat est absolument le même qu'avec la baratte décrite plus haut, mais il y a économie de temps, et, paraît-il, perfection de besogne.

Si le beurre n'est pas suffisamment battu, une partie du petit-lait reste dedans et lui donne un goût frais, une saveur délicate; mais ce beurre a le défaut de *rancir* très promptement, en été surtout, et l'on sait que le beurre *rance* n'est pas bon.

Le beurre se consomme en partie à l'état frais. Mais on peut le conserver en le faisant fondre et en le salant légèrement; ainsi conservé, il remplace avec avantage l'huile, et surtout la graisse, dans certaines cuisines. Les beurres français les plus délicats, les plus connus et les plus estimés sont les beurres d'*Isigny* dans le Calvados et de *Gournay* dans la Seine-Inférieure, ceux de *Bretagne*, de la *Touraine* et du *Bourbonnais*.

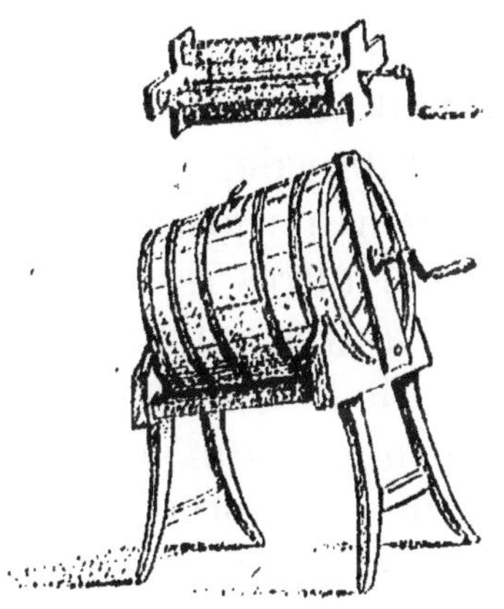

Fig. 8 et 9. — Baratte et sa manivelle.

Le Fromage.

14. — Parlons à présent du *fromage*. Il existe pour celui-ci plusieurs modes de fabrication; mais nous traiterons la question d'une manière tout à fait générale.

On emploie le lait *écrémé* ou *non écrémé*. Dans le premier cas, on obtient un *fromage maigre*; dans le dernier cas, le fromage est plus *gras*, plus délicat, plus pur.

Qu'il s'agisse d'un *fromage maigre* ou d'un *fromage gras*, il faut toujours laisser cailler le lait, c'est-à-dire le laisser s'épaissir et se transformer en une sorte de gelée blanche connue sous le nom de *caillé*. Lorsque celui-ci est trop long à se former, on active l'opération à l'aide d'une matière, nommée *présure*, que l'on ajoute au lait. Quelques plantes possèdent les propriétés de la présure; mais on en fait rarement usage.

Le caillé étant suffisamment ferme, on le met égoutter dans des vases percés de trous, ou bien sur des *claies* d'osier généralement recouvertes de paille, où il sèche et se raffermit encore. Le fromage alors est fait, et il peut être consommé aussitôt. Si l'on veut le garder, on le sale, puis on le met en pains de formes diverses et de grosseurs différentes : les uns sont en boule; d'autres ressemblent à une meule de rémouleur; d'autres enfin à une brique, à une bonde.

Voici le nom de quelques espèces de fromages :

Le *gruyère*, qui vient de la Suisse; le *brie*, de Seine-et-Marne; le *cantal*, de l'Auvergne; le *mont-d'or*, du Lyonnais; le *camembert*, le *pont-l'évêque* et le *livarot*, de la Normandie; le *fromage de Hollande*, et le *roquefort*, qui se fabrique en France, dans le département de l'Aveyron.

La plupart de nos fromages, si célèbres et si estimés de l'Europe, se fabriquent avec le lait de la Vache. Le lait de la Chèvre et celui de la Brebis sont trop pauvres en crème pour qu'on en fabrique du beurre.

J'ai déjà eu l'occasion de vous le dire pour celui de la Chèvre, quand nous avons parlé de cet animal.

Questionnaire. — Quelle est l'utilité de la Vache? — Combien une Vache laitière peut-elle donner de litres de lait par jour et de kilogrammes de beurre par semaine? — Dites tout ce que vous savez de la Chèvre. — Quel est le pays de France qui est le plus riche en Chèvres? — Qu'appelle-t-on laiterie? — Quelle partie du lait donne le beurre? — Parlez de la fabrication du beurre. — Comment appelle-t-on le liquide blanchâtre qui se sépare du beurre? — A quoi sert le petit-lait? — Quelles sont les beurres de France les plus estimés? — Parlez du fromage.

Quatrième Leçon.

LE BŒUF, LE CHEVAL, LE MULET, L'ANE
LE PORC, LE CHIEN, LE CHAT

Le Bœuf.

15. — Ce que nous avons dit de la Vache, mes amis, se rapporte en partie au *Bœuf*. Sauf le lait, il nous donne tout ce que la Vache nous donne. Il est plus fort qu'elle, et par conséquent d'une plus grande utilité au point de vue du travail.

Le Bœuf est le *roi du bétail*, la *force de l'agriculture*.

Après avoir fourni à l'homme un travail sans égal, il lui fournit sa chair qui est un manger excellent, et sa peau qui, tannée, est un cuir très résistant et d'une très grande utilité.

Tout, jusqu'aux cornes et aux os, est utile dans ce précieux animal.

Le Cheval.

16. — Après le Bœuf se place naturellement le *Cheval*, si toutefois il ne doit pas occuper le premier rang parmi les animaux domestiques.

Le Cheval et la *Jument*, dont le petit se nomme *Poulain*, remplissent divers rôles d'une grande importance. Comme le Bœuf, le Cheval tire la charrue et traîne de lourds chariots ; en outre, il s'attelle à de légères voitures qui transportent des voyageurs, ou porte sur son dos soit un fardeau, soit un cavalier. Le Cheval est à la fois un bon *animal de trait*, une bonne *bête de somme*, une *monture incomparable*. Son pas est plus rapide que celui du Bœuf, sa besogne est souvent plus considérable; son emploi est plus divers, ses services sont peut-être plus grands. Compagnon des fatigues de l'homme, le Cheval est pour lui un animal des plus précieux.

Vivant, le Cheval donne à l'homme son travail; mort, il lui lègue sa peau, qui est ensuite transformée en *cuir* estimé. Ajoutons que la chair du Cheval, comme celle de l'Ane et du Mulet, entre aujourd'hui dans l'alimentation de l'homme, et qu'elle n'est pas sans valeur.

Les Chevaux français les plus appréciés et les plus connus sont nos Chevaux du *Limousin*, du *Perche*, de la *Bretagne* et de la *Normandie*.

Le Cheval, a dit le grand naturaliste Buffon, est la plus noble conquête que l'homme ait jamais faite.

Le Mulet, l'Ane.

17. — A côté du Cheval se place naturellement le *Mulet*. Le *Mulet* est surtout précieux dans les pays de montagnes. Vif et nerveux, il marche sans broncher d'un pas égal et sûr dans les sentiers étroits et au bord des précipices. Là où le Cheval hésite, le Mulet passe hardiment; il ne connaît ni crainte ni vertige; il supporte la fatigue et la faim sans ralentir le pas : avantage qui le fait préférer dans certaines contrées à tout autre animal. En Espagne et en Italie, la *Mule*, qui n'est point sans élégance et sans grâce, est encore très recherchée pour former des attelages princiers. On la pare alors de rubans, de grelots et de pompons.

Le Mulet est aujourd'hui employé dans l'armée

au même titre que le Cheval, qu'il remplace avantageusement dans les pays montagneux. Il est souvent employé pour traîner les voitures d'*ambulance*.

Sans doute, l'*Ane* et le *Mulet* n'ont pas la grâce et la noblesse du Cheval, mais leur utilité est des plus grandes. Ils sont sobres et infatigables au travail; leur seul défaut est un certain entêtement, passé, comme on sait, en proverbe : « *Têtu comme un Ane et un Mulet* ».

L'Ane coûte bien moins cher que le Cheval; aussi son rôle est-il moins brillant, tout en restant aussi utile; l'Ane est la bête de somme des ménages pauvres. C'est à tort qu'on a fait de « *ce pelé* », de « *ce galeux* », comme le désigne La Fontaine, un symbole de bêtise et d'ignorance; l'Ane en sait tout aussi long que le Cheval, et il serait injuste d'exiger plus de grâce et plus d'élégance de ce travailleur des champs, de ce bon serviteur.

Buffon a fait de cet humble serviteur de l'homme un portrait qui est très flatteur pour un Ane.

Le Porc.

18. — Après avoir parlé des *travailleurs*, disons un mot du *Porc*, l'une des richesses de la ferme. Le Porc ne travaille pas comme le Bœuf, le Cheval, l'Ane et le Mulet; mais sa chair est, avec le pain, la base de la nourriture des habitants de la campagne.

Certes, l'aspect du Porc n'a rien d'engageant, ses habitudes sont peu élégantes et ses goûts manquent absolument de distinction; c'est avec délices qu'il se roule dans la fange, surtout lorsqu'on néglige de le tenir propre. Mais dans cet animal, depuis le groin jusqu'aux pieds, tout est utile, exquis.

Le Cochon est la ressource des chaumières, comme il est la richesse des fermes.

Les Porcs les plus appréciés de France sont ceux de la Meurthe, de la Sarthe, du Limousin, de la Charente et du Périgord.

La femelle du Cochon, qui se nomme la *Truie*, porte l'amour de ses petits jusqu'à la férocité. Dans ce cas, c'est un animal intraitable et très dangereux; du reste, le Porc domestique ne forme qu'une seule et même espèce avec le Sanglier, qui est le Cochon sauvage.

Peut-être avez-vous déjà entendu raconter que des Porcs avaient dévoré des enfants. Tout dernièrement encore le fait s'est produit en France.

Le Chien.

19. — Passons au Chien, l'animal qui est peut-être le plus utile à l'homme et sans lequel il n'aurait sans doute pu réduire à l'état de domesticité la plupart des espèces qu'il a soumises à sa volonté, et réduites à l'obéissance.

Buffon en a parlé dans les termes suivants :

« Le Chien, fidèle à l'homme, conservera toujours un degré de supériorité sur les autres animaux; il leur commande, il règne lui-même à la tête d'un troupeau; il s'y fait mieux entendre que la voix du berger : la sûreté, l'ordre et la discipline sont les fruits de sa vigilance et de son activité; c'est un peuple qui lui est soumis, qu'il conduit, qu'il protège et contre lequel il n'emploie jamais la force que pour y maintenir la paix. »

Voilà pour le *Chien de berger*.

Voici maintenant pour le *Chien de garde* : « Lors-qu'on lui a confié pendant la nuit la garde de la maison, il devient plus fier et quelquefois féroce ; il veille, il fait la ronde, il sent de loin les étrangers, et pour peu qu'ils s'arrêtent ou tentent de franchir les barrières, le Chien s'élance, s'oppose, et, par des aboiements réitérés, des efforts et des cris de colère, il donne l'alarme,

Fig. 10. — Chien épagneul.

avertit et combat : aussi furieux contre les hommes de proie que contre les animaux carnassiers, il se précipite sur eux, les blesse, les déchire, leur ôte ce qu'ils s'efforçaient d'enlever ; mais, content d'avoir vaincu, il se repose sur les dépouilles, n'y touche pas, même pour satisfaire son appétit, et donne en même temps des exemples de courage, de tempérance et de fidélité. »

Outre le Chien de garde et le Chien de berger, nous pouvons encore citer le *Chien de chasse*, qui poursuit le Lièvre, la Perdrix, le Loup, le Sanglier et quantité d'autres animaux. Il y a ensuite le *Caniche* ou *Chien-mouton*, qui conduit le pauvre aveugle à travers les rues et qui voit pour lui.

Nous pouvons encore citer le *Terre-neuve*, ce bon gros Chien si vigoureux et si hardi qui se jette quelquefois à l'eau pour sauver l'homme ou l'enfant qui se noie; le *Chien du mont Saint-Bernard*, qui va chercher sous la neige le voyageur enseveli dans l'avalanche.

Dans le pays des Esquimaux, où règnent des frimas éternels, le Cheval, l'Ane et le Mulet, et nos autres animaux domestiques ne sauraient vivre; il n'y a que le Chien. On l'attelle au traîneau, qu'il emporte en courant sur les plaines de neige et de glace.

Le Chat.

20. — Nous ne saurions terminer ce défilé des mammifères domestiques sans dire un mot du Chat, bien qu'en réalité il ne soit pas un animal domestique.

Le Chat, mes amis, ce joli petit animal, avec lequel vous avez sans doute joué plus d'une fois, n'est pas ce qu'on a voulu le dire.

On l'a souvent dépeint comme un modèle de fourberie.

Assurément, il n'est pas un modèle de clémence; mais il n'est pas non plus un être qui ne se plaît qu'à faire le mal. Il n'est pas seulement faux et cruel, comme on l'a dit, il est aussi doux par instants.

Le Chat est caressant et joueur à ses moments; mais il ne faut pas l'ennuyer lorsqu'il a refusé d'être de la partie.

Il a des formes élégantes, est d'une agilité surprenante, témoin ces mille et une gambades qu'on lui voit exécuter journellement.

Ses services ne sont pas à dédaigner, car il détruit, surtout lorsqu'on ne le gâte pas par un excès de nourriture, les Rats et les Souris qui, sans lui, feraient disparaître toutes nos provisions.

Le Chat est la providence de certaines fermes et de certains magasins.

Il est armé de griffes et de dents pour la bataille. Ces griffes et ces dents sont faites pour déchirer.

Ajoutons que sa chair est quelquefois mangée pour du *Lapin*, et que sa peau, tannée avec le poil, est utilisée comme fourrure.

Tous les animaux qui nous ont occupés jusqu'ici, sont appelés *mammifères* ou *porteurs de mamelles*, car ils portent des *bourses* ou *mamelles*, qui donnent du lait pour leurs petits.

Le Cuir.

21. — Nous avons dit que la peau d'un certain nombre d'animaux est employée à divers usages sous le nom de *cuir*. Voyons à présent comment elle est ainsi transformée.

La peau enlevée du corps de l'animal mort, on la lave bien. On la plonge, pour l'y laisser plusieurs jours, dans de l'eau additionnée d'un peu de chaux; elle se gonfle, se ramollit; puis avec un grand couteau d'une forme particulière, on la racle et les poils se détachent facilement. Cela fait, on entasse les peaux dans des espèces de bassins avec une matière nommée *tan*, en disposant le tout par couches successives : une couche de peaux, une couche de tan, et ainsi de suite jusqu'en haut du bassin.

Après un séjour de cinq ou six mois en contact avec le *tan*, les peaux sont devenues du *cuir*, plus ou moins solide, plus ou moins épais, selon que la peau provient de tel ou tel animal.

Le *tan* est l'écorce du chêne desséchée et broyée, qui contient une substance nommée *tanin*, laquelle empêche la peau de *pourrir*.

Beaucoup de plantes renferment du tanin, comme le hêtre, le châtaignier, le sapin, etc., mais on se sert généralement du chêne.

Vous avez dû remarquer qu'au printemps, époque où les arbres commencent à pousser, l'écorce se détache facilement du bois. On profite de ce moment pour enlever l'écorce au bois que l'on veut abattre dans la forêt. Cette écorce desséchée est ensuite broyée avant d'être employée.

L'eau *dissout* le tanin renfermé dans l'écorce; ce tanin pénètre dans les peaux et les empêche de pourrir, nous l'avons déjà dit.

Le *tan* retiré des fosses peut servir à différents usages ; c'est ainsi qu'on l'emploie à fumer la terre ou à faire du feu. Quand on veut l'utiliser comme combustible, on le met en *mottes*.

Préparer le cuir avec des peaux se nomme *tanner ;* le lieu où l'on fait cette besogne s'appelle *tannerie*, et l'homme qui fait ce métier est un *tanneur*.

Les peaux transformées en cuir avec leurs poils constituent les *fourrures*, desquelles nous avons déjà dit un mot.

Questionnaire. — Parlez de l'utilité du Bœuf. — Que savez-vous du Cheval ? — Citez les Chevaux de France les plus connus. — Dites ce que vous savez de l'Ane et du Mulet. — De quelle utilité est le Porc ? — Quelles sont les meilleures races françaises de Porcs ? — Parlez du Chien. — Dites ce que vous savez du Chat. — Qu'est-ce que le cuir ? — Dites comment on transforme en cuir les peaux des animaux morts.

Cinquième Leçon.

LES OISEAUX

(ANIMAUX A DEUX PATTES ET A PLUMES)

22. — Aujourd'hui, mes amis, nous allons parler d'animaux faciles à distinguer de tous ceux que nous avons vus jusqu'à présent : ils ont deux pattes, deux ailes ; leur corps est couvert de plumes ; ils ont un bec plus ou moins long, dur et corné, et sont dépourvus de dents : vous avez sans doute, à tous ces caractères, reconnu les

Fig. 11. — Basse-cour.
Il y a un poulailler roulant pour transporter les Poules dans les champs.

OISEAUX. Certains d'entre eux sont élevés à la ferme, dans un lieu spécial nommé *basse-cour* : ce sont les *oiseaux domestiques ;* les autres, et c'est le plus grand nombre, vivent en liberté dans les champs et les bois : ce sont les *oiseaux sauvages.*

LES OISEAUX DOMESTIQUES

Le Coq, la Poule, les Œufs, les Poussins.

23. — A la tête des oiseaux domestiques, nous citerons la *Poule* et son compagnon le *Coq,* appelé le *roi de la basse-cour ;* on le nomme encore le *réveille-matin de la ferme,* à cause de son chant matinal. Le Coq et la

Poule se trouvent dans tous les pays, et chez le pauvre comme chez le riche.

Disons un mot du *Coq*. Cet oiseau hardi et vaillant fut l'emblème guerrier de notre vieille Gaule, de notre chère patrie. Chez les Perses, le Coq était dieu; chez les Romains, il était le symbole de la force et de la santé.

Les Coqs de France les plus estimés et les plus beaux sont le Coq de *La Flèche* et le Coq de *Gascogne*.

Cet oiseau se rencontre encore à l'état sauvage dans les forêts de l'Indoustan, où son plumage, uniforme de couleur, est noir ou jaune.

Le Coq est le plus intéressant personnage de la basse-cour. Il est courageux, résolu, désintéressé. Aussitôt qu'il a découvert un magasin de provisions, insectes, grains, fruits, il appelle ses compagnes, les Poules.

Fier et vaillant, il se tient au milieu d'elles, fouillant la terre avec ses *ongles*, dispersant la nourriture à son peuple, et ne touchant lui-même aux restes du festin que quand ses sujets sont rassasiés.

En sa qualité de *président*, il met fin aux combats que ceux-ci ont osé se déclarer en sa présence.

Il châtie la Poule gloutonne qui a également osé s'approprier une trop large part du festin.

La Poule.

24. — Passons à la *Poule*. C'est l'agrément de la basse-cour, une ressource précieuse pour la ménagère. Les principales races de Poules sont la Poule de *Houdan* (Seine-et-Oise) et celle de *Crèvecœur* (Calvados), la délicieuse Poule de la *Bresse*, ronde, luisante et tendre comme une boule de beurre; les *célèbres Poulardes du Périgord* et *du Maine*.

Il convient de citer aussi la grande Poule de *Cochin-*

chine, que les éleveurs français ont conquise, et qui est devenue, par son acclimatation, une Poule française.

Comme la plupart des oiseaux domestiques, la Poule est élevée pour sa chair délicate et ses plumes moelleuses, qui servent à confectionner de doux oreillers; mais c'est loin d'être tout, la Poule a son *œuf* qui est un mets excellent, très nutritif et très sain.

Tous les œufs de la Poule n'entrent pas dans l'alimentation; on en réserve une certaine quantité pour les

Fig. 12. — Poule.

faire couver, afin d'avoir des petits de l'espèce. Ces petits sont appelés *Poussins* quand ils sont tout jeunes, et *Poulets* quand ils sont un peu plus gros.

Pour faire couver les œufs, on les met dans un nid de paille convenablement disposé. La Poule les couvre alors de son corps et de ses ailes pour les tenir chauds pendant dix-huit à vingt et un jours. A ce moment le *Poussin*, ayant consommé tout le contenu de l'œuf, brise la coquille avec une pièce dure située sur son bec, et sort de sa prison : c'est l'*éclosion*.

On fait couver artificiellement les œufs dans une sorte de boîte ou cage appelée *couveuse*, ce qui permet d'avoir des Poulets en plus grande quantité et sans fatiguer les Poules, qui ne participent d'aucune manière à ce genre de *couvaison*. Les cages couveuses doivent être chauffées à une certaine température, égale et constante, ni trop basse, ni trop élevée.

C'est surtout en Égypte que ce procédé est mis en

pratique depuis les temps les plus reculés, et où il constitue encore aujourd'hui une branche importante de commerce.

La Poule est loin d'être le seul oiseau domestique de la ferme qui soit précieux ; on y trouve aussi le *Canard*, l'*Oie*, le *Dindon*, la *Pintade*, le *Faisan*, le *Pigeon* et le *Paon*. À chacun de ces oiseaux domestiques nous allons consacrer un mot, après avoir dit quelles sont les parties dont se compose un œuf.

Les parties d'un œuf.

25. — Pour voir les différentes parties dont se compose un œuf, on peut se servir d'un œuf de Poule cuit à la coque et durci.

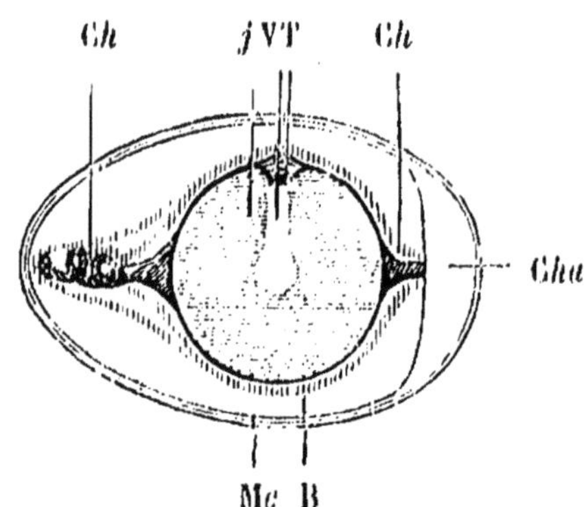

Fig. 13. — Œuf cuit avec sa coque et durci pour en montrer les différentes parties.

Mc, membrane coquillière ; — B, blanc ; — j, jaune ; — T, germe ; — V, vitellus blanc ; — Cha, chambre à air ; — Ch, Ch, chalazes.

Tout d'abord, en dehors, la *coquille*, qui se brise facilement, et au-dessous, une petite peau appelée *membrane coquillière*, puis le *blanc*, que l'on appelle *glaire* dans l'œuf non cuit.

Au-dessous du blanc, une autre peau fine, puis le *jaune*, à la surface duquel on aperçoit une petite tache blanchâtre qui est le *germe*, le point où le Poulet commence à se développer.

Remarquons aussi au gros bout, un espace occupé, non par la matière de l'œuf, mais par de l'air que respire le jeune oiseau pendant son développement.

Cet espace se nomme la *chambre à air*.

Du germe au centre du jaune se trouve un bâton blanchâtre appelé *vitellus blanc*.

Les œufs de tous les oiseaux sont formés des mêmes parties que ceux de la Poule.

Le Canard, l'Oie.

26. — Après la Poule, les oiseaux domestiques les plus communs sont le *Canard* et l'*Oie*.

Le *Canard* a pour lui sa chair et ses plumes; il en est de même de la *Cane*, qui donne un œuf plus délicat que celui de la Poule.

Le Canard, acclimaté depuis longtemps en Europe, est originaire de l'Orient. Les Canards de France les plus estimés et les plus renommés sont ceux de la

Fig. 14. — Cane nageant. — Le pied de gauche est disposé pour permettre à l'animal de changer de direction.

Normandie, de la Gascogne, de Montpellier, enfin ceux d'Amiens, dont on fait des pâtés très estimés.

Le Canard marche difficilement, mais il nage bien, parce qu'il a les *pieds palmés*, ce qui veut dire qu'il a les doigts réunis par une petite peau ou membrane.

L'*Oie* a aussi les pieds conformés pour la nage. Comme le Canard, elle n'est pas gracieuse à terre, elle est lourde et marche en se dandinant. Sa chair est excellente, sa graisse exquise, son duvet très fin. Son foie, quand il est gras, est un manger délicieux qui se paye cher; on fait dans le Midi des *confits d'Oie* recherchés de l'Europe entière.

Les meilleures Oies sont celles de Strasbourg, de

Toulouse et d'Alençon. Dans le nord de l'Europe, l'Oie est le plat légendaire de la grande fête de Noël.

Les Oies sauvages qui passent deux fois l'an dans notre pays, et qui volent par troupes, sont aussi excellentes à manger. Aussi leur fait-on la chasse.

Le Cygne.

27. — A côté de l'Oie, se place tout naturellement le Cygne, cet oiseau au long cou recourbé en S, et qui

Fig. 15. — Cygne à bec rouge (longueur : 0^m,45).

orne les pièces d'eau des jardins publics et des châteaux.

Malheureusement la qualité de sa chair n'égale pas la beauté de son plumage, surtout lorsque celui-ci est d'un blanc pur.

Sa chair est d'un goût très médiocre. Cependant les peuples du Nord la mangent, mais c'est peut-être faute de mieux.

Le Cygne use de sa puissance et de sa force pour se défendre et quelquefois pour attaquer; il sait combattre et vaincre. Il ne règne pas toujours paisible sur les oiseaux qui partagent avec lui la pièce d'eau qu'il habite, et il attend l'aigle sans crainte.

Ainsi chez lui, la douceur du naturel ne répond pas toujours à la beauté de la forme.

Il plaît à tous les yeux; il décore et embellit tous les lieux qu'il habite et sait s'y faire admirer.

Tout a été dit sur la beauté de cet oiseau, l'ornement de nos bassins et de nos lacs.

Le Cygne fend les eaux qui se divisent devant sa gorge orgueilleuse; il gonfle ses ailes comme des voiles et donne à son long cou mille attitudes charmantes.

Le Dindon, la Pintade, le Faisan, le Paon.

28. — Le *Dindon*, la *Pintade*, le *Faisan* et le *Paon* se rencontrent dans les basses-cours, mais bien moins communément que la Poule, l'Oie et le Canard. Le *Dindon* est originaire de l'Amérique septentrionale. Il est beaucoup moins ancien que

Fig. 16. — Dindon.

l'Oie dans nos contrées; il fut introduit en France sous le règne de Louis XIII.

Sa chair est aussi abondante qu'exquise.

Les Dindons les plus renommés de notre pays sont

ceux de la Touraine, de la Sarthe, de l'Anjou et du

Fig. 17. — Faisan.

Berry. En Amérique, sur les bords des grands fleuves

Fig. 18. — Paon (0^m,70).

Ohio et Mississipi, on trouve d'immenses troupes de Dindons sauvages dont la chair est excellente.

La *Pintade*, par son fumet sauvage et sa chair distinguée, est le gibier des fermes : c'est, comme vous le savez, un gracieux oiseau, dont la voix désagréable est loin de répondre au plumage coquet dont il est paré.

Quant au *Faisan*, c'est un manger parfait. On élève les Faisans dans des établissements particuliers qui se nomment *faisanderies*. Comme Faisans au beau plumage, véritables oiseaux d'ornement, il convient de citer le *Faisan argenté* et le *Faisan doré*; le premier est d'un blanc délicat; le second d'un jaune admirable. Celui-ci a l'air d'une flamme vivante sur les pelouses des villas et des châteaux. La Chine a son fameux *Faisan vénéré*, un des plus beaux oiseaux qui existent.

Le *Paon*, dont le plumage est admirable et le ramage intolérable, est originaire de l'Asie, où il vit encore à l'état sauvage. Il porte tout son mérite sur ses épaules éblouissantes, au bout de son aigrette superbe et de sa longue queue, qu'il dresse, faisant la roue, en éventail splendide. Le Paon n'est qu'un plumage : sous son manteau de pierreries, il cache une chair vulgaire au goût désagréable. Il paraît cependant que les jeunes Paons sont un manger exquis.

Le Pigeon.

29. — Enfin, pour clore la liste des oiseaux que l'homme élève, soit pour son utilité, soit pour son agrément, nous citerons le *Pigeon*, ce modèle de la douceur et quelquefois de la duperie.

Le *Pigeon* a tout pour se faire estimer de l'homme : sa grâce, sa beauté, son joli plumage et sa chair justement appréciée; c'est à la fois un oiseau d'ornement et de ressource. Dans la ferme, il a sa demeure à part, qu'on appelle le *colombier* ou *pigeonnier*.

On connaît de nombreuses variétés de Pigeons. Notons d'abord notre cher *Pigeon voyageur*, qu'un instinct merveilleux pousse irrésistiblement vers le colombier d'où il partit, qu'il retrouve toujours, même au delà des forêts et des montagnes.

FIG. 10. — Pigeon.

Les principales espèces ou variétés de Pigeons sont, après le Pigeon domestique, le *Pigeon ramier*, le *Pigeon colombier*, le *Pigeon bizet*, le *Pigeon voyageur* déjà cité, la *Tourterelle*, etc.

Les Pigeons habitent principalement l'Amérique; ils y sont si nombreux que leurs troupes au vol interceptent les rayons du soleil au point que le voyageur se trouve parfois, en plein midi, dans l'obscurité la plus complète.

Questionnaire. — Qu'est-ce qui distingue les oiseaux? — Comment peut-on diviser les oiseaux? — Quel est l'oiseau domestique le plus répandu? — Dites ce que vous savez du Coq. — Citez les principales races de Poules. — Combien de temps la Poule couve-t-elle ses œufs? — Quels sont, après la Poule, les principaux oiseaux domestiques? — Quelles sont les différentes parties d'un œuf? — Quelle différence y a-t-il entre le pied de la Poule et celui du Canard, de l'Oie et du Cygne? — Que savez-vous du Canard; — de l'Oie; — du Cygne; — du Dindon; — de la Pintade; — du Faisan; — du Paon? — Parlez du Pigeon.

Sixième Leçon.

LES ANIMAUX SAUVAGES

LEUR UTILITÉ. — LEURS NIDS

Les Oiseaux sauvages.

30. — Les oiseaux de la basse-cour, avec lesquels nous avons déjà fait connaissance, ne sont pas les seuls qui soient utiles à l'homme. La plupart des espèces qui vivent en liberté dans les champs et les bois nous

Fig. 20. — Bergeronnette.　　Fig. 21. — Fauvette.

rendent aussi de grands services, généralement peu appréciés, et sont pour l'homme de précieux auxiliaires. Quelquefois vous entendez dire qu'ils sont nuisibles, qu'ils dévorent nos récoltes.

Sans doute, ils en dévorent une partie; mais les dégâts causés par ces gourmands ailés sont, en vérité, bien peu de chose en comparaison des services qu'ils nous rendent. Le grand ennemi, le grand ravageur de nos récoltes, c'est l'insecte; et quel est l'ennemi et le grand destructeur de l'insecte? C'est l'oiseau.

Fig. 22. — Hirondelle de fenêtre.   Fig. 23. — Merle.

Parmi ces bienfaiteurs des campagnes nous citerons: la gentille *Alouette*, la gracieuse *Bergeronnette*, la *Fauvette*, la *Grive*, le *Merle*, la *Mésange*, le *Moineau*,

Fig. 24. — Mésange bleue.   Fig. 25. — Mésange à longue queue.

le *Pinson*, le *Roitelet*, le *Rouge-gorge*, l'*Hirondelle*, l'*Orfraie*, le *Hibou*.

La funeste habitude que l'on a, dans certaines campagnes, de détruire le *Hibou* et l'*Orfraie*, de les clouer sur la porte de la grange ou de l'écurie, est très blâmable. C'est presque un crime.

Fig. 26. — Moineau.

Fig. 27. — Pinson.

Le cultivateur qui agit ainsi, agit contre ses intérêts.

Le Hibou et l'Orfraie ne sont pas des oiseaux de mauvais augure, comme on se plaît à le dire, mais

Fig. 28. — Roitelet.

Fig. 29. — Rouge-gorge.

bien de précieux auxiliaires qui chassent pendant la nuit, et détruisent les rats, les souris, les loirs et les mulots, si nuisibles aux récoltes.

Il est inutile de vous dire, mes petits amis, que vous ne devez pas faire souffrir les oiseaux. Non seulement vous devez les protéger, mais encore respecter leurs nids, puisque c'est dans ces petits nids, si artistement construits pour la plupart, que se trouvent les *protecteurs* de nos récoltes, les auxiliaires par excellence de nos braves cultivateurs.

Les oiseaux sont admirables par les soins minutieux qu'ils donnent à leurs petits.

Avec quelle patience et quel art ces charmantes créatures construisent leurs nids si curieux, si coquets, si doux !

La Chasse et le Gibier.

Fig. 30. — Hibou.

31. — L'homme ne se contente pas de manger les animaux élevés à la ferme ; il se nourrit aussi de ceux qui vivent dans les champs et dans les bois.

Pour s'en rendre maître, il leur fait la CHASSE, avec un fusil ou tout autre engin.

Vous savez tous que le chasseur est souvent accompagné d'un Chien, dit *Chien de chasse*, qui flaire, découvre et poursuit le gibier.

On entend par GIBIER, vous le savez, mes amis, les animaux sauvages, oiseaux ou mammifères, que l'on poursuit afin de s'en approprier la chair, la plume ou la fourrure.

Les principaux animaux recherchés par le chasseur sont : la Perdrix, la Caille, le Canard sauvage, le Faisan, la Grive, la Bécasse, l'Alouette ; le Lièvre et le Lapin, le Cerf, le Chevreuil, le Daim et le Sanglier. Voilà le gibier de nos champs et de nos forêts.

Le Lapin et le Lièvre constituent le *petit gibier;* le Cerf, le Chevreuil et le Sanglier sont appelés *gros gibier.*

Consacrons un mot à chacun des animaux que nous venons de nommer.

Le Gibier à plume.

32. — La *Perdrix* est un oiseau à la chair exquise et au plumage charmant; elle est remarquable par sa

FIG. 31. — Perdrix (0ᵐ,25).

sagacité, sa prudence et son merveilleux amour maternel. Il y a deux espèces de Perdrix : la *grise,* qui habite presque toujours les plaines, et la *rouge,* qui préfère les lieux montagneux, mais prospère cependant bien dans les pays plats.

Ce gibier devient de plus en plus rare dans la plupart

des cantons de la France, vu la guerre acharnée qu'on lui fait chaque année à l'époque de la chasse.

Cet oiseau emploie toutes les ruses possibles pour éloigner le chasseur de sa chère couvée.

La *Caille* est un oiseau migrateur qui, aux approches de l'hiver, quitte nos contrées pour se diriger vers un climat plus doux.

Ces oiseaux passent quelquefois dans l'air comme des nuées de sauterelles.

Près de Constantinople, en automne, le soleil est souvent obscurci par les prodigieuses volées de Cailles qui s'abattent sur les côtes de la mer Noire. On les

FIG. 32. — Alouette.   FIG. 33. — Sarcelle.

prend alors par milliers dans des filets disposés à cet effet sur de grandes perches. Quel crime, mes amis !

La chair de la Caille est délicieuse, et son chant très original.

L'*Alouette* n'est pas épargnée non plus. On emploie contre elle plusieurs moyens de destruction, tous plus barbares l'un que l'autre. On la prend surtout aux lacets, l'hiver, quand la neige et la gelée l'empêchent de trouver de la nourriture.

Le *Canard sauvage* est peut-être plus délicat que notre Canard domestique. La chasse en est très intéressante. Le soir ils arrivent en nombreuses troupes sur le bord des étangs et des rivières. Comme leur vol est très élevé, on les chasse avec de grands fusils qui portent fort loin et qu'on nomme *canardières*. La Sar-

Fig. 34. — Canard sauvage.

Fig. 35. — Grive.

celle, dont parle La Fontaine dans sa fable *le Lapin et la Sarcelle*, est une espèce de Canard sauvage.

La *Grive* est l'oiseau des vignes ; c'est un oiseau bienfaisant, un peu friand de raisin, il est vrai, mais qui débarrasse la vigne de ses ennemis, les Limaces et les Escargots. La Grive veille sur la grappe comme l'Alouette sur l'épi.

La *Bécasse* fréquente les prairies et les étangs ; elle se distingue par son long bec, ressemblant à un poignard. C'est un oiseau de passage, qui arrive dans nos contrées vers le milieu d'octobre. Les chasseurs la considèrent comme le meilleur de nos gibiers. La *Bécassine*, qui est la gracieuse miniature de la Bécasse, se tient de préférence dans les prairies marécageuses et les oseraies qui bordent les rivières.

On chasse aussi le *Faisan sauvage* qui se tient dans les bois touffus.

Le Faisan est abondant dans certaines forêts des environs de

Fig. 36. — Bécasse (0ᵐ,25).

Paris, et pullule dans les grandes chasses réservées qui avoisinent la capitale.

Le Gibier à poil.

33. — Passons au *gibier à poil*. Ici le *Lièvre* et le *Lapin* sont le gibier ordinaire qu'on chasse dans nos pays. La retraite du Lièvre s'appelle *gîte*, et celle du Lapin, *clapier*. La chair du *Lapin sauvage* ou *de garenne* est plus fine et plus savoureuse que celle du *Lapin domestique*.

Le *Cerf* est le roi de nos forêts et le premier de nos grands gibiers. Sa chair est excel-

Fig. 37. — Lièvre (0ᵐ,45).

lente. Sa chasse exige des meutes, des Chevaux, des piqueurs, un attirail complet. Le Cerf se distingue principalement par son *bois*, sorte de cornes ramifiées qui tous les ans tombent et tous les ans repoussent. La femelle du Cerf se nomme *Biche*, et le petit, *Faon*.

Le *Chevreuil* ressemble un peu au Cerf.

FIG. 38. — Cerf et Biche (1ᵐ,50).

De même que le *Daim*, il appartient à la famille du Cerf.

Le *Sanglier* (fig. 39) est chassé pour sa chair excellente et aussi à cause des dégâts qu'il fait dans les champs ensemencés qu'il remue de son gros nez appelé *groin*. C'est un animal farouche, qui tient hardiment tête aux Chiens et aux chasseurs. Ses crocs proéminents, qu'on nomme *défenses*, sont une arme terrible. Le petit du Sanglier s'appelle *Marcassin*, et sa femelle, la *Laie*.

Dans les plaines immenses de l'Amérique courent, par troupeaux de six cents à huit cents bêtes, des animaux voisins du Sanglier et qu'on appelle *Pécaris*.

Le Loup et le Renard.

34. — Nous chassons aussi, dans nos contrées, le Loup et le Renard, non comme gibier, mais comme animaux nuisibles.

Vous savez, mes enfants, que le *Loup* est la terreur

Fig. 39. — Sanglier (1ᵐ,00).

de nos troupeaux et qu'il s'attaque même à l'homme. Le Loup, sa femelle, la *Louve*, et ses petits, les *Louveteaux*, habitent au plus profond des bois, d'où ils ne sortent que poussés par la faim.

En Russie et en Asie, les Loups voyagent par bandes innombrables et inspirent aux voyageurs les craintes les plus légitimes. Ils sont plus rares en France.

Quant au *Renard*, s'il est moins dangereux que le Loup, on peut dire qu'il est plus hardi et plus rusé. Le Loup tient pour le Mouton, le Renard penche pour la volaille; l'un en veut à la bergerie, et l'autre au poulailler. Dans quelques contrées, par exemple en Angleterre, on organise des chasses intéressantes contre le

Fig. 40. — Loup commun (0^m,80).

Fig. 41. — Renard commun (0^m,70).

Renard, qui, par sa finesse et son instinct, s'ingénie à

3.

dérouter ses adversaires. Avec son museau pointu, son oreille droite, ses yeux étincelants et son beau panache, le Renard est une assez jolie bête. Dans les contrées du Nord, on chasse avec avidité le *Renard bleu*, dont la fourrure est des plus belles et des plus estimées.

Questionnaire. — En général, les oiseaux sauvages sont-ils utiles ou nuisibles à l'homme? — Citez les plus utiles. — Devons-nous détruire les oiseaux? — Qu'appelle-t-on gibier? — Citez les principaux animaux qui constituent le gibier à plume, et dites ce que vous savez sur chacun d'eux. — Citez les principaux animaux qui constituent le gibier à poil, et dites ce que vous savez sur chacun d'eux. — Pourquoi chasse-t-on le Loup et le Renard?

Septième Leçon.

LES POISSONS ET LA PÊCHE

Quelques autres animaux.

35. — Dans notre dernier entretien sur les *Leçons de choses*, nous avons parlé de la chasse et du gibier ; mais l'homme ne se borne pas à chasser les animaux qui courent à la surface de la terre ou qui volent dans l'air ; il fait aussi la guerre aux *poissons d'eau douce*, qui habitent les fleuves, les rivières, les lacs et les étangs, et aux *poissons de mer*.

Cette chasse particulière se nomme la *pêche*, et celui qui s'y livre prend le nom de *pêcheur*.

Pour la pêche, on se sert de divers

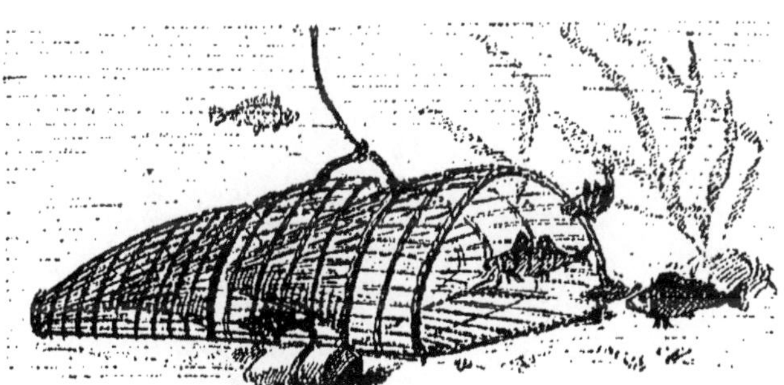

FIG. 42. — Ligne avec flotteur, hameçons et appât.

FIG. 43. — Nasse et poissons.

engins, dont les principaux sont : la *ligne*, l'*épervier*, la *nasse*. Les poissons qu'on prend le plus souvent dans nos cours d'eau ou dans les lacs et les étangs sont : la

Carpe, le Saumon, le Brochet, la Perche, le Goujon, la Raie, la Truite et l'Anguille.

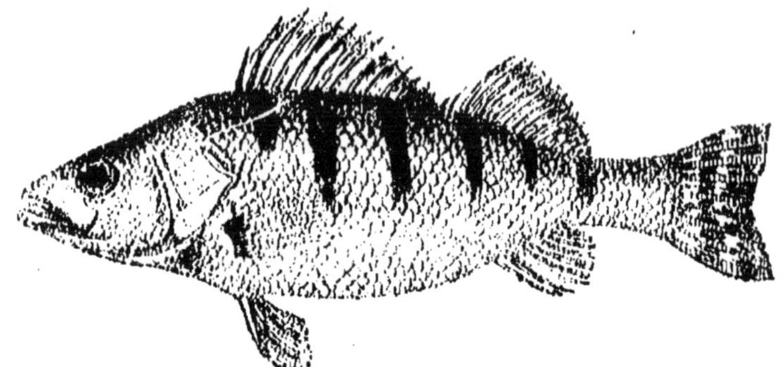

Fig. 44. — Perche.

Fig. 45. — Goujon.

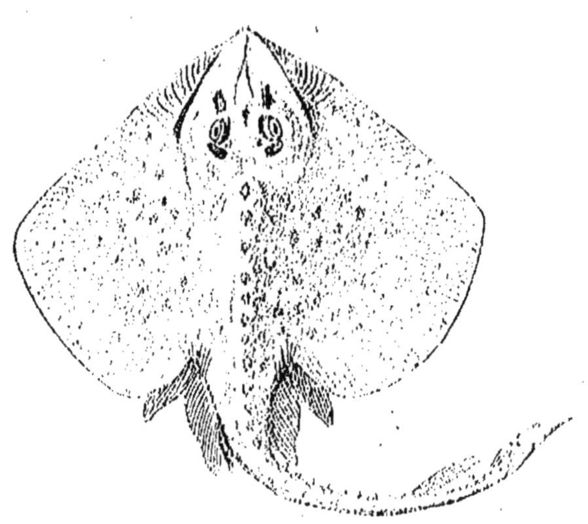

Fig. 46. — Raie.

Dans la mer, on pêche bien des sortes de poissons,

comme la Sardine, le Hareng, la Morue, la Raie, le Maquereau, etc.

Les poissons habitent exclusivement les eaux et ne sauraient vivre longtemps dans un autre milieu.

Tous pondent des œufs en grande quantité.

La *Carpe*, un de nos meilleurs poissons d'eau douce, devient très vieille et très grosse.

Il y en a dans le bassin du château de Fontainebleau

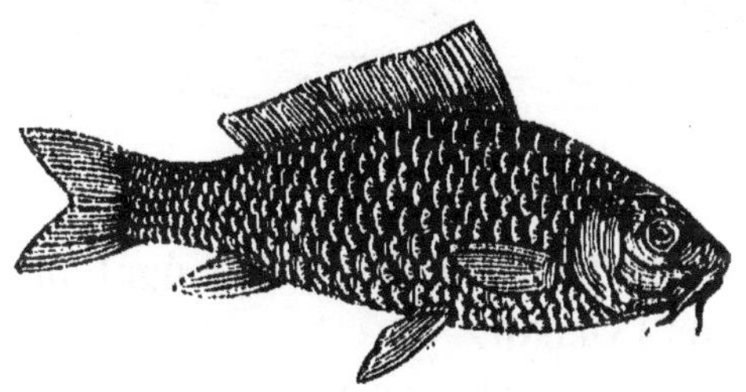

Fig. 47. — Carpe.

ND, nageoire dorsale ou du dos; — NV, nageoire ventrale.

qui sont énormes et qui sont âgées de plus de cent ans, dit-on.

On a détruit un grand nombre de ces Carpes centenaires; mais on en a conservé quelques-unes.

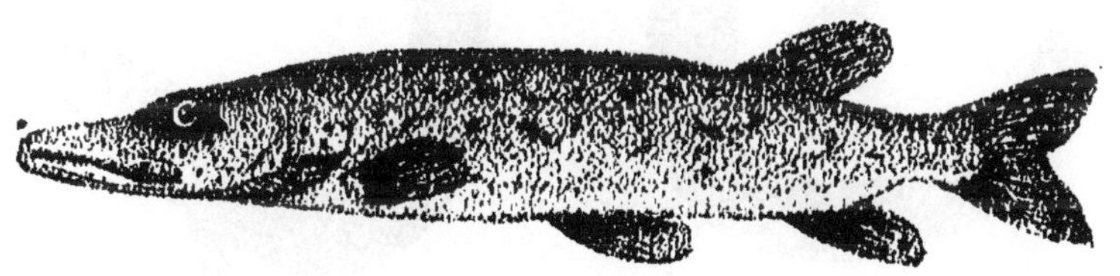

Fig. 48. — Brochet.

Le *Brochet* dévaste les rivières et les étangs. Sa chair est très bonne; malheureusement son *cœur* l'est beaucoup moins, car il paraît que non seulement il mange les autres poissons, mais dévore même ses petits.

Le *Saumon*, un de nos plus gros et de nos meilleurs

poissons, remonte le courant des rivières et fait des
bonds prodigieux. Quand un pêcheur a pris un Saumon, il peut dire qu'il a gagné sa journée.

Le Saumon est à la fois un poisson de mer et un

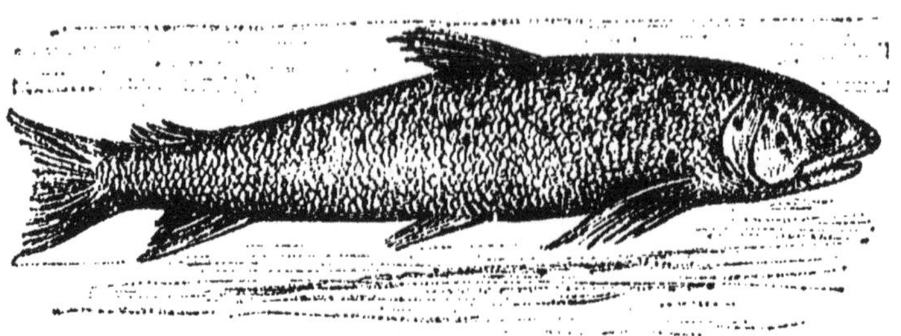

FIG. 49. — Saumon.

poisson d'eau douce : on le trouve également dans les
fleuves et dans l'Océan.

L'*Anguille* aussi se trouve également dans les rivières
et dans la mer.

C'est une bête assez curieuse : elle ne pond pas

FIG. 50. — Anguille.

comme le Saumon, la Carpe, le Brochet, la Truite ; elle
est *vivipare* comme les mammifères, c'est-à-dire que
ses petits viennent au monde vivants. Les animaux qui
pondent des œufs sont des *ovipares*. Par ses habitudes
autant que par sa forme, elle ressemble au serpent :

elle peut vivre hors des eaux ; comme les reptiles, elle *rampe* sur le sol. L'Anguille a donc deux existences, deux demeures, deux genres de nourriture : dans les

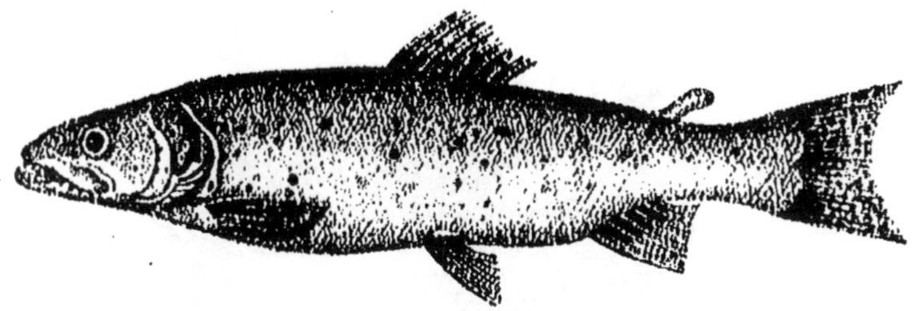

Fig. 51. — Truite commune.

eaux, elle mange les petits poissons ; sur le sol, elle se nourrit de Grillons et de Sauterelles.

L'Anguille n'est pas le seul animal qui ait le privilège de pouvoir vivre aussi bien sur terre que dans

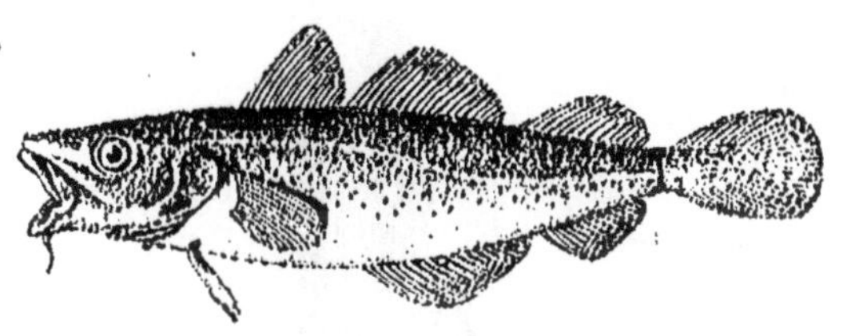

Fig. 52. — Morue.

l'eau ; il y en a bien d'autres, par exemple, la Grenouille. On les nomme, à cause de leur double genre de vie, *animaux amphibies.*

A ce sujet, je vous dirai qu'on appelle *animaux terrestres* ceux qui vivent constamment sur terre, et *animaux aquatiques* ceux qui vivent dans l'eau seulement.

De tous les poissons de mer, ceux qu'on pêche le plus et qui rendent les plus grands services à l'alimentation publique, sont : la *Morue,* que de nombreux navires vont pêcher à l'étranger, principalement à Terre-Neuve ;

les *Harengs* et les *Sardines*, qu'on mange frais et que

Fig. 53. — Récolte des œufs de poissons.

l'on conserve aussi après les avoir salés dans des barils.

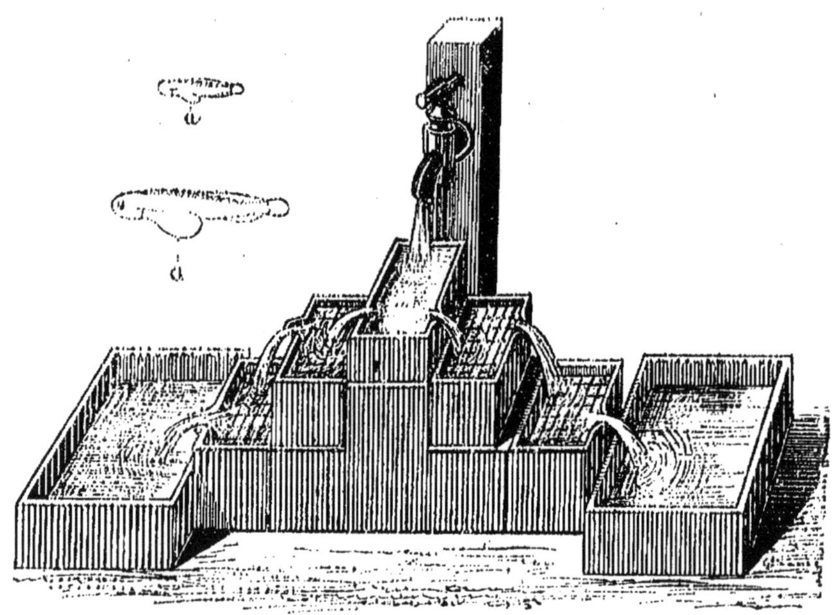

Fig. 54. — Incubateur. — *a*, alevins.

On élève aujourd'hui les poissons comme on élève

les oiseaux domestiques. L'art d'élever les poissons se nomme *pisciculture*, du latin *piscis*, poisson, et *cultura*, culture.

Autres pêches.

36. — L'homme ne se borne pas à pêcher les pois-

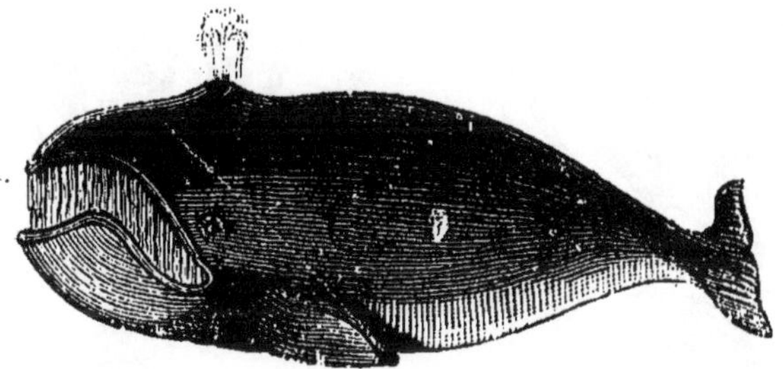

FIG. 55. — Baleine. Il y a un jet d'eau en haut qui sort par un trou nommé évent. La queue de la Baleine est verticale.

sons ; il pêche aussi la Baleine qui est un mammifère,

FIG. 56. — Crevette d'eau douce.

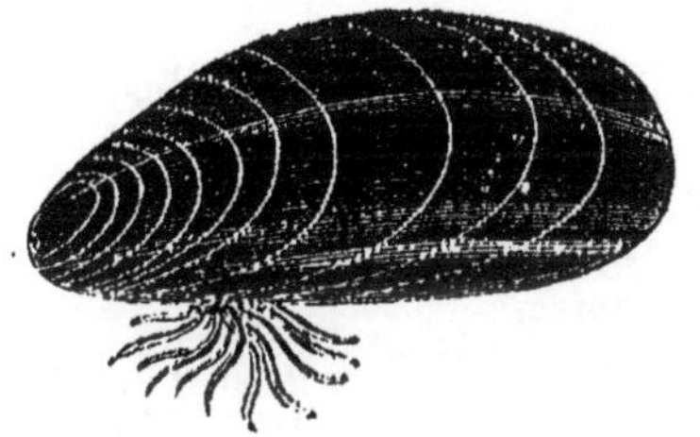

FIG. 57. — Moule. — B, byssus, organe par lequel la moule se fixe aux corps sous-marins.

pour son huile et la matière connue sous le nom de *baleine*, et dont on se sert pour la confection des corsets de dames et des parapluies ; les Écrevisses, les Crevettes, les Homards et la Langouste, qui sont des *crustacés* ; puis les Huîtres et les Moules, qui sont des *mollusques*.

L'élevage des Huîtres et des Moules se fait aujourd'hui

en grand et donne des bénéfices assez considérables.
L'élevage des Huîtres se nomme *ostréiculture*, du

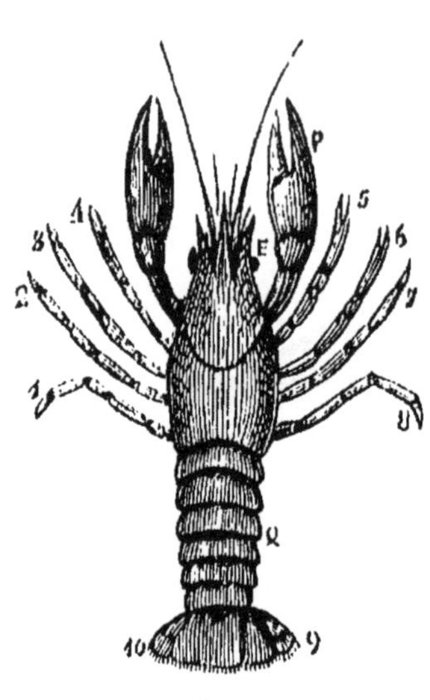

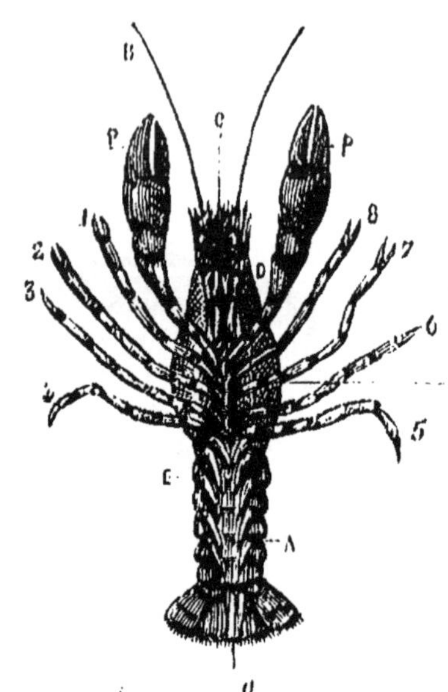

Fig. 58. — Écrevisse vue de dos.   Fig. 59. — Écrevisse vue par la
face ventrale.

Fig. 58. — 1, 2, 3, 4, 5, 6, 7, 8, pattes servant à la marche; — P, pinces;
— E, œil; — Q, abdomen ou ventre; — 9, 10, queue servant de
nageoire.

Fig. 59. — 1, 2, 3, 4, 5, 6, 7, 8, pattes pour la marche; — P, P, pinces;
— B, antennes; — C, mâchoires; — D, bouche; — A, E, pattes servant à nager; — q, queue.

grec *ostreon*, huître, et du latin *cultura*, culture.

Le Crapaud, la Grenouille, les Lézards, les Tortues.

37. — Parmi les animaux utiles à l'homme, il convient encore de citer le Crapaud, la Grenouille, les
Lézards et les Tortues; ils détruisent une grande quantité de petites bêtes qui dévastent nos récoltes.

Ajoutons que la Grenouille et certaines Tortues sont
un mets fort recherché.

En Amérique, on élève aussi les Grenouilles pour servir de nourriture à l'homme : c'est la *ranaculture*, du latin *rana*, grenouille, et *cultura*, culture.

Fig. 60. — Crapaud, animal utile.

Fig. 61. — Grenouille animal utile.

Les Crapauds sont si bien appréciés des Anglais que ceux-ci nous en ont acheté des milliers pour en peupler leurs jardins et bien d'autres propriétés.

Paris avait, paraît-il, il y a quelques années, son marché aux Crapauds. Marchandise d'une laideur

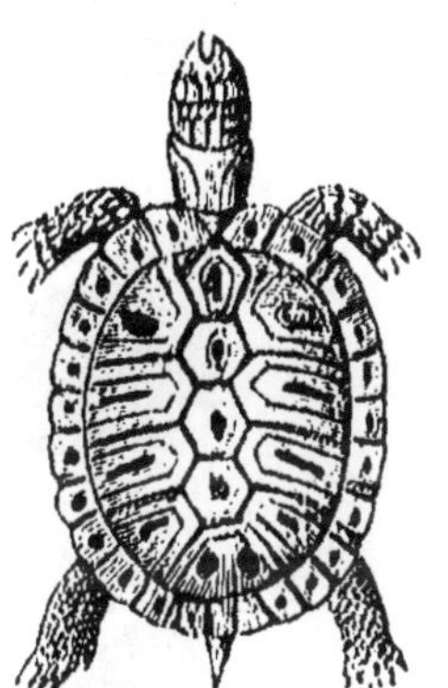

Fig. 63. — Tortue, animal utile.

Fig. 62. — Lézard, animal utile.

repoussante, à la vérité, mais utile cependant !

Huitième Leçon.

INSECTES

38. — Aujourd'hui, mes amis, nous allons nous occuper d'animaux très nombreux, les *insectes*, dont la plupart sont nuisibles. Quelques-uns seulement

Fig. 64. — Coccinelles.

sont utiles. Parlons d'abord des *insectes utiles* à l'homme, et citons en première ligne après le *Papillon du Ver à soie* et l'*Abeille*, le *Carabe doré* dit *Jardinière*, à cause des services importants qu'il rend dans les jardins, où il détruit une multitude de petites bêtes pernicieuses ; puis, la *Coccinelle* ou *Bête à bon*

Dieu, que vous avez la louable habitude de traiter avec douceur et sympathie.

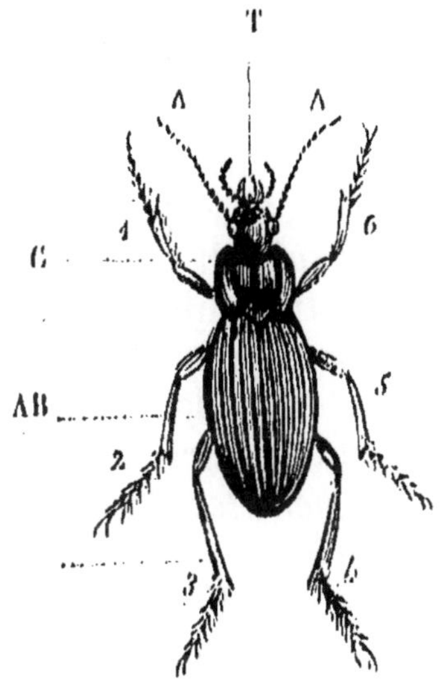

Fig. 65. — Carabe doré dit Jardinière.

Fig. 66. — Araignée, animal à huit pattes et sans ailes.

Fig. 65. — 1, 2, 3, 4, 5, 6, les six pattes ; — AA, antennes ; — T, mandibules situées en avant de la tête ; — C, corselet ; — AB, abdomen.

Rappelez-vous que les insectes ont six pattes, ce qui les distingue des Araignées qui en ont huit.

Le Ver à soie.

39. — Examinez bien ce Papillon et cette Chenille : se ressemblent-ils ?

Non, n'est-ce pas ? Le Papillon a des ailes, à l'aide desquelles il peut voler ; la Chenille n'en a pas. D'ailleurs, son corps est plus allongé et tout différent.

La Chenille et le Papillon se distinguent donc facilement l'un de l'autre. Cependant, quand on laisse vivre la Chenille, *elle devient*, par ses *métamorphoses, semblable au Papillon* que vous voyez.

Que cela ne vous étonne pas ! La plupart des beaux Papillons qui brillent au soleil ont été de fort laides Chenilles. Mais arrivons, sans plus tarder, au *Papillon du Ver à soie.* Il pond de tout petits œufs, à peine gros comme une tête d'épingle, et de chacun desquels sort une petite *Chenille :* c'est le *Ver à soie.*

Ce *Ver à soie* est très gourmand et dévore avec une rapidité gloutonne les feuilles de mûrier qu'on lui présente ; aussi grandit-il très vite, et est-on obligé de lui servir plusieurs fois par jour des feuilles fraîches pour satisfaire son appétit croissant.

Fig. 67. — Branche de mûrier avec une feuille et des fruits.

8, Ver ou Chenille ; — 9, cocon ; — 10, Papillon pondant des œufs.

Le *mûrier* est un arbre que l'on cultive dans le midi de la France spécialement pour nourrir les Vers à soie.

Au bout de cinq semaines environ, la Chenille cesse de manger et commence à filer la soie dont elle se fait un cocon, en forme d'œuf, dans lequel elle se trouve enfermée et où elle change d'aspect. En effet, elle y diminue de longueur, s'y fabrique des ailes, puis, brisant sa prison, elle en sort Papillon : elle est devenue *insecte parfait*.

La métamorphose est achevée. A son tour, ce Papillon peut pondre des œufs semblables à celui dont il est sorti, et ces œufs donneront naissance à d'autres Chenilles, qui elles-mêmes deviendront *insectes parfaits*, c'est-à-dire Papillons.

Dans le patois du Midi, le Ver à soie est appelé *Magnan*, d'où le nom de *magnanerie* donné à l'art d'élever ces animaux et au bâtiment dans lequel se fait cet élevage.

On donne aussi le nom de *sériciculture*, du latin

Fig. 68. — Vue intérieure d'une magnanerie.

sericum, serici, et *cultura*, culture, à l'ensemble des opérations nécessaires pour la production de la soie.

La Soie et les Tissus de soie.

40. — Le *Ver à soie* fait la soie avec une matière qui se produit dans son corps. Cette matière, qui ressemble à de la cire fondue, sort de son corps par de tout petits tubes nommés *filières*, et se durcit aussitôt à l'air. Mais, si le Papillon brise son cocon pour en sortir, la soie se trouve rompue en beaucoup de points et ne peut être utilisée.

Aussi a-t-on la précaution d'*étouffer l'insecte* dans sa *prison de soie* lorsqu'il est encore à l'état de chrysalide.

Pour détruire la chrysalide, on met le cocon dans une sorte de four chauffé exprès; il n'y a plus alors qu'à *dévider le fil*, c'est-à-dire à le dérouler. Ce travail se fait, avec une grande rapidité, en réunissant plusieurs fils que l'on tord ensemble.

Ainsi préparée, la soie sert à fabriquer de beaux tissus appelés *étoffes de soie* ou *soieries*.

Les Abeilles, le Miel.

41. — Nous allons parler à présent des *Abeilles* ou *Mouches à miel*, si remarquables par leur travail ingénieux et leur manière de vivre en société.

Vous en avez déjà vu sans doute se poser sur les fleurs et pénétrer dans la corolle; savez-vous dans quel but elles agissent ainsi?

C'est pour se nourrir et récolter des provisions. C'est pour boire de toutes petites gouttes d'une liqueur sucrée qui se trouve dans la fleur.

Les Abeilles qui boivent ce liquide sucré, sécrété au fond de la fleur, *ne gardent pas tout ce qu'elles prennent*, mais elles en déversent une partie dans les cellules de la ruche. Ce liquide deviendra le *miel*.

Les Abeilles récoltent, en outre, une fine poussière, généralement de couleur jaune, appelée *pollen*. Entièrement velues, elles plongent au fond des fleurs, et se couvrent de pollen qui s'attache à leurs poils. Elles le recueillent à l'aide de sortes de *brosses* qu'elles ont à leurs pattes postérieures, et en font deux petites pelotes qu'elles fixent à ces mêmes pattes de derrière.

Ce pollen sera employé avec du miel à la nourriture

des jeunes Abeilles qui ne peuvent encore sortir de leur
habitation nommée *ruche*.

La Ruche.

42. — Une *ruche* est une sorte de panier, de corbeille en paille, ou de boîte en bois.

Chaque ruche renferme trois sortes d'individus :
l'*Abeille femelle* ou *reine*,
les *mâles* ou *Faux-bour-
dons* et les *ouvrières*.

Vous avez déjà vu les
Abeilles à l'œuvre quand
le soleil brille. Ah ! les
excellentes ouvrières, les
bonnes ménagères ! elles
vont et viennent, se croisent, passent et repassent,
profitant du beau temps

Fig. 69. — Ruche.

pour faire leurs provisions; les unes apportent du miel,
les autres du pollen. S'il vous eût été permis de voir
ce qui se passe dans la ruche, vous eussiez été bien
étonnés ! Mais il ne faut pas trop se risquer près d'une
ruche. Les Abeilles ne sont point méchantes; elles pi-
quent pourtant si l'on ose les troubler, et leur piqûre
est douloureuse. Elle peut même être dangereuse. De
même que les bons élèves, les Abeilles ne veulent être
dérangées ni dans leur travail, ni dans leur repos.

Pour ne pas être piqué par les Abeilles, celui qui les
dérange pour prendre le miel de la ruche, doit avoir
soin de se garantir de leurs dards au moyen d'un
vêtement spécial. Sa figure et ses mains, comme les
autres parties du corps, doivent se trouver à l'abri de
leurs piqûres. En outre, lorsqu'on veut s'emparer du

miel, on a soin de brûler de la mousse humide près de la ruche et d'en diriger la fumée à l'intérieur au moyen d'un soufflet. En engourdissant l'Abeille, cette fumée la rend inoffensive. L'apiculteur, nom que l'on donne à celui qui se livre à la culture des Abeilles, retourne la ruche sens dessus dessous, et enlève, avec une sorte de couteau, des

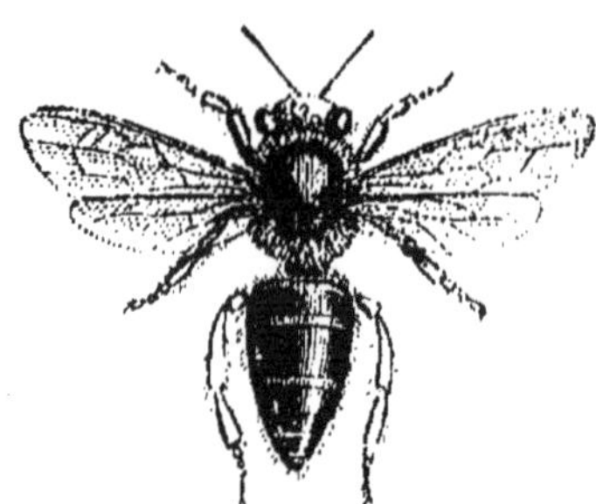

Fig. 70. — Reine d'Abeille (grossie).

planches jaunes nommées *gâteaux* ou *rayons de cire*.

Ces planches portent des deux côtés un grand nombre de cellules à six faces, appelées *alvéoles*, qui sont d'une forme parfaitement régulière. Chacun de ces alvéoles contient un peu de ce bon miel dont, pour la plupart, vous êtes si friands.

Fig. 71. — Abeille ouvrière (grossie).

Pour recueillir le miel, on le fait couler dans des vases, et il n'est besoin d'aucune préparation pour qu'il soit bon à manger; mais on peut l'employer de différentes manières. C'est ainsi que, mélangé avec de la farine de seigle, il donne le *pain d'épice*.

Le miel enlevé, il reste la *cire* qu'on fait

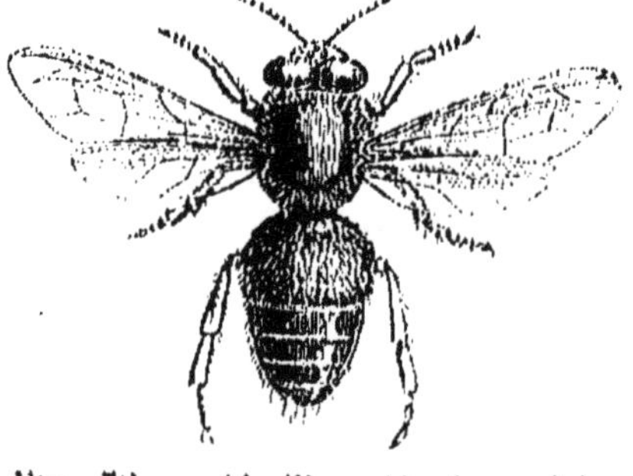

Fig. 72. — Abeille mâle (grossie).

fondre, et qui sert à cirer les meubles, les parquets, à

fabriquer des cierges et des bougies. Par ce que nous venons de dire, vous pouvez juger, mes amis, de la grande utilité des Abeilles.

Ce n'est pas tout : ces insectes si industrieux, si actifs et si intelligents sont des modèles de prévoyance et d'économie. Les Abeilles *vivent en société* dans une entente parfaite et un ordre admirable, comme

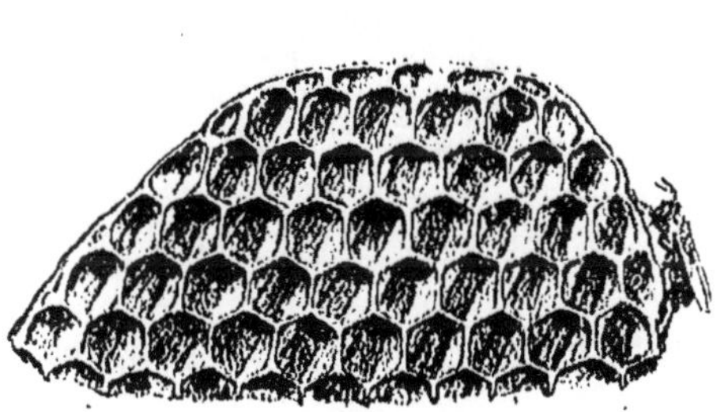

Fig. 73. — Rayon de cire avec une Abeille.

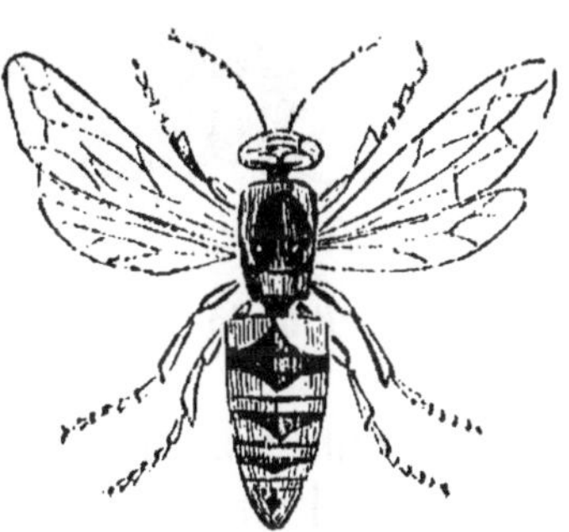

Fig. 74. — Guêpe, insecte nuisible.

pour montrer à l'homme qu'il ne doit pas vivre isolé.

L'art d'élever les Abeilles se nomme *apiculture*, du latin *apis*, abeille, et *cultura*, culture. De là le nom d'*apiculteur* donné à l'homme qui se livre à la culture de ces insectes.

Il ne faut pas confondre avec les Abeilles, les Guêpes qui leur ressemblent assez, et qui sont nuisibles.

Insectes nuisibles.

43. — Disons un mot à présent de quelques *insectes nuisibles*, parmi lesquels on trouve d'abord les Papillons que nous avons déjà cités, puis le Hanneton, qui semble exister uniquement pour dévorer les feuilles et les bourgeons de nos arbres fruitiers. Sa larve, appelée *Ver blanc*, coupe les racines des plantes et dévaste nos champs de pommes de terre.

Comme tous les autres insectes, le Hanneton pond des œufs, de chacun desquels sort un petit animal appelé *larve;* celle-ci se change en une *chrysalide,* qui à son tour devient un insecte parfait pondant aussi des œufs. Nous avons donc d'abord l'œuf, puis la *larve,* ensuite la *chrysalide,* enfin l'*insecte parfait.*

Fig. 75. — Hanneton.

Fig. 76. — Ver blanc.

Ces changements successifs constituent la *métamorphose* de l'animal.

Parmi les insectes nuisibles, on remarque aussi la *Courtilière* ou *Taupe-grillon,* ainsi nommée à cause de la ressemblance de ses pattes antérieures avec celles de la Taupe.

La *Courtilière* se tient dans les jardins, où elle cause des dégâts considérables, car avec sa main meurtrière elle fouit, creuse, coupe, déracine, détruit tout ce qu'elle rencontre. La Courtilière est d'autant plus redoutée des jardiniers, que sa fécondité est désespérante : elle pond, en effet, plus de trois cents œufs, qu'elle dépose au sein de la terre, dans un nid construit avec une grande habileté.

Les insectes nuisibles sont si nombreux qu'il serait trop long de les citer tous; mais il est impossible de passer sous silence la *Punaise,* la *Puce,* le *Pou,* le *Cousin,* ces horribles petites bêtes qui s'attaquent à notre propre corps, tourmentent notre sommeil et se nourrissent de notre sang. Citons aussi le *Charançon*, qui dévore les grains de blé et s'attaque ainsi à notre

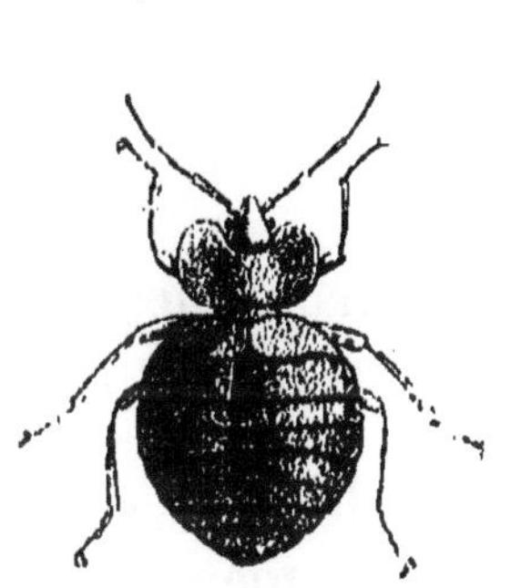

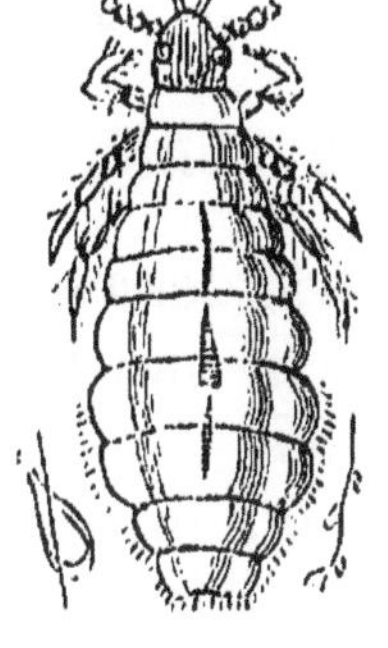

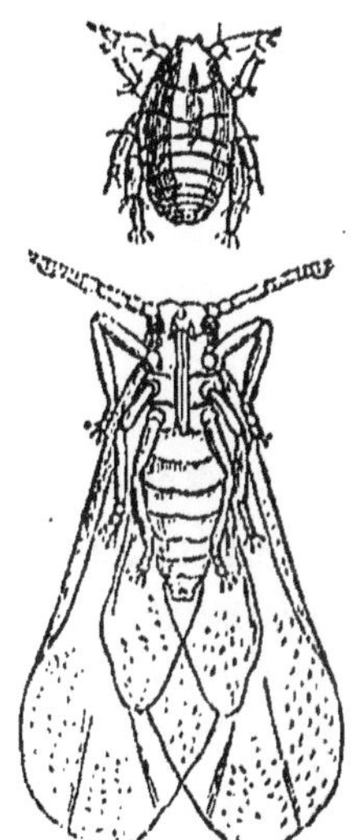

Fig. 77. — Punaise des lits.

Fig. 78, 79, 80. — Pou. — A droite, quatre œufs nommés lentes fixés à un cheveu. — A gauche, un œuf grossi.

Fig. 81, 82. — Phylloxera. — Larve et au-dessous l'insecte ailé (très grossi).

aliment par excellence, le pain ; le *Phylloxera*, insecte invisible à l'œil nu, qui détruit nos vignes et nous prive de la meilleure de nos boissons, le vin.

Questionnaire. — En général, les insectes sont-ils utiles ou nuisibles ? — Quels insectes peut-on citer en tête des insectes utiles ? — Dites ce que vous savez du Ver à soie. — Qu'appelle-t-on magnanerie ? — D'où vient la soie ? — Qu'appelle-t-on cocon ? — Qu'est-ce que dévider ? — Que recueillent les Abeilles en se posant sur les fleurs ? — A quoi servent cette liqueur sucrée et le pollen ? — Comment recueillent-elles et emportent-elles le pollen ? — Qu'est-ce qu'une ruche ? — Combien de sortes d'individus renferme chaque ruche ? — Où se trouve le miel dans la ruche ? — Comment le recueille-t-on ? — Qu'appelle-t-on rayons de cire ? — A quoi sert le miel ; — la cire ? — Comment se nomme la culture des Abeilles ? — Citez quelques insectes nuisibles.

II

RÈGNE VÉGÉTAL

Neuvième Leçon.

LES PLANTES

44.— Nous avons parlé des animaux dans nos leçons précédentes, et à présent nous allons nous occuper des *plantes* ou *végétaux*.

Il en est des plantes comme des bêtes : les unes sont *utiles*, d'autres sont *nuisibles*, *dangereuses* même.

Parmi les *plantes utiles*, il y en a qui nous servent de nourriture, d'aliments : ce sont des *plantes alimentaires*.

D'autres sont employées dans l'*industrie* : ce sont des *plantes industrielles*.

D'autres enfin sont utilisées en médecine : on les appelle *plantes médicinales*.

Elles servent à nous guérir de nos maux, ou tout au moins à nous en soulager.

Les Jardins, les Champs, la Prairie, la Forêt.

45. — Toutes les plantes cultivées, et celles qui poussent librement, sans le secours de l'homme, sont répandues à la surface de la terre ou dans les eaux.

Nous connaissons surtout celles qui croissent dans les jardins, les champs, les prairies, les forêts, etc.

Tout près de la maison se trouve le *jardin*, qui comprend ordinairement le *potager* et le *verger*.

Le *potager* est l'enclos dans lequel nous cultivons les *légumes*, tels que les *Choux*, les *Salades*, les *Épinards*, l'*Oseille*, dont on mange les feuilles; les *Carottes* et les *Navets*, qui fournissent une racine alimentaire; les *Haricots*, les *Pois* et les *Fèves*, dont les graines, soit vertes, soit sèches, donnent une saine et abondante nourriture.

Ainsi, comme aliments, les plantes potagères tiennent à notre disposition ou leurs feuilles, ou leurs graines, ou bien leurs racines.

A côté du potager se trouve le *verger*, où croissent les *arbres à fruit* ou *arbres fruitiers*, tels que le *Poirier*, le *Pommier*, le *Prunier*, l'*Abricotier*, etc.

Au printemps, ces arbres se couvrent de feuilles, puis de fleurs, auxquelles succèdent les fruits : pommes, poires, prunes, abricots, etc. La récolte de ces différents fruits se fait en été et en automne.

Dans les *champs* on cultive les *céréales* et certaines *plantes fourragères*.

Les *prés* fournissent des *herbes* qui donnent du *foin*.

Dans la *forêt* se trouvent les plus grands arbres, qui nous donnent du *bois de travail* et du *bois de chauffage*.

Plantes alimentaires, Céréales.

46. — Notre principale nourriture est le *Pain*, vous le savez tous, mes amis.

Le pain est fait avec la farine de différentes plantes; mais la farine de Blé est de beaucoup la meilleure et la plus employée.

Toutes les plantes employées comme aliments sont dites *alimentaires;* mais celles qui servent spécialement à la fabrication du pain sont appelées *céréales*.

Les principales *céréales* sont : le *Blé*, l'*Orge*, le *Seigle*, l'*Avoine*, le *Maïs*, le *Sarrasin* ou *Blé noir*, le *Riz*, etc.

Le Blé étant la plus importante et peut-être aussi la plus répandue de nos céréales, nous allons parler des travaux successifs que le cultivateur exécute pour l'obtenir. Les autres céréales cultivées en France, réclamant à peu près les mêmes soins que le froment, il nous suffira de savoir ce que celui-ci coûte de travail pour nous faire une idée de la valeur du pain.

Fig. 83. — Épi de Blé ou Froment non barbu.

La Culture du Blé (1).

47. — Pour cultiver le Blé, on *laboure* d'abord les champs ; puis on y répand la *semence*.

Voilà, en peu de mots, les travaux nécessaires à la culture du Blé et des céréales en général ; mais il convient de nous étendre davantage sur chacune des opérations que nécessite une bouchée de pain.

Dans toute culture, on commence toujours par remuer la terre avant de lui confier la semence. Ce travail préparatoire et indispensable se fait à l'aide de différents instruments, appelés *instruments aratoires*, dont le plus important est la *charrue*.

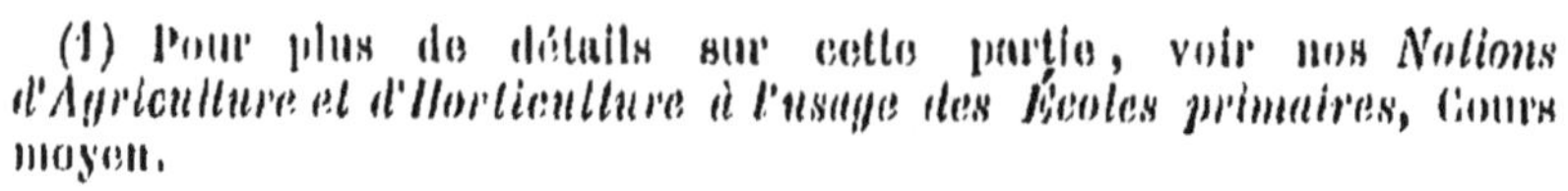

(1) Pour plus de détails sur cette partie, voir nos *Notions d'Agriculture et d'Horticulture à l'usage des Écoles primaires*, Cours moyen.

Aussi en parlerons-nous en première ligne et presque exclusivement.

La Charrue.

48. — Chacun de vous a déjà eu l'occasion de voir une *charrue;* mais, pour bien la connaître, il faut l'examiner de près.

Une *charrue* comprend plusieurs parties, dont les

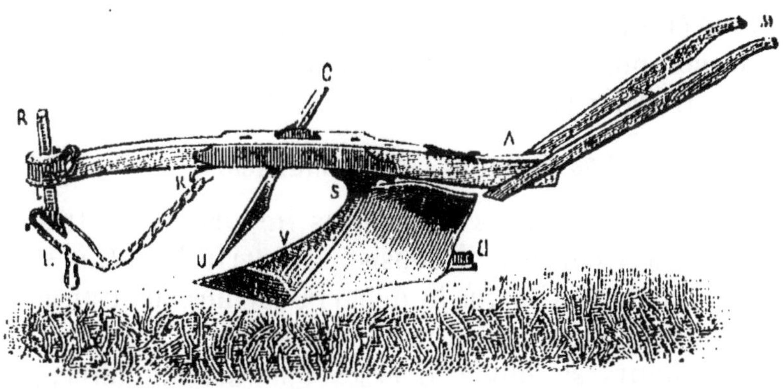

Fig. 84. — Charrue. Le soc est sous la lettre U.
CU, coutre; — B, talon ou sep; — A, age; — M, mancherons; — SV, avant-corps faisant fonction d'étançons; — R, régulateur; — L, crochet d'attelage; — K, chaîne d'attelage.

principales sont : le *soc,* le *versoir* ou *oreille,* un couteau nommé *coutre,* le *talon* ou *sep,* l'*age* ou *flèche,* les *mancherons,* les *étançons.*

Chacune de ces différentes parties remplit un rôle particulier et distinct.

Le *soc* est une pièce de fer *aciéré* qui entame le sol et en détache une bande de terre que retourne le *versoir.* Ce dernier peut être en bois, en fer ou en fonte.

Le *coutre* est une lame d'acier adaptée à l'age; il coupe verticalement la bande de terre que le soc a coupée horizontalement.

Le *sep* glisse dans la raie ouverte par le soc et supporte tout l'instrument. En arrière, se trouvent les *mancherons*, que tient le laboureur pour diriger la charrue; ils sont fixés à l'*age*, auquel on attelle des bêtes de trait.

Les *étançons* servent à relier l'age au sep.

Il existe bien des espèces de charrues; mais un bon laboureur peut faire d'excellente besogne avec n'importe quel système.

Nous connaissons maintenant la charrue, les parties qui la composent, et le rôle de chacune de ces parties dans le travail; parlons des labours et des semailles.

Les Labours, les Semailles.

49. — Le *labourage* est le plus important des travaux de l'agriculture; il consiste à ouvrir le sol, à le remuer, à l'*ameublir*, à le débarrasser des mauvaises herbes qui tendent toujours à l'envahir.

Les labours se font à diverses époques de l'année, selon les besoins; mais ils ont lieu principalement à deux époques fixes : au *printemps* et à l'*automne*.

La terre étant retournée et suffisamment ameublie, on fait les *semailles*.

Cette opération consiste, comme on le sait, à répandre le grain sur le sol. L'homme qui répand la semence est le *semeur*.

Ainsi que les principaux labours, les semailles ont lieu surtout au printemps et à l'automne; c'est pourquoi l'on dit les *semailles de printemps* et les *semailles d'automne*. Celles-ci sont les plus importantes.

Herse et Hersage, Rouleau.

50. — Les grains, répandus par la main du semeur, ne restent pas sur la terre. On les recouvre au moyen

de la charrue ou de la *herse*, sans quoi les oiseaux les mangeraient.

De plus, les grains se dessécheraient et seraient perdus si la pluie se faisait longtemps attendre.

La *herse* est un châssis en bois ou en fer armé de dents légèrement recourbées qui servent à briser les mottes, à arracher les mauvaises herbes et en même temps à recouvrir la semence d'une couche de terre pour la soustraire à

Fig. 85. — Herse triangulaire.

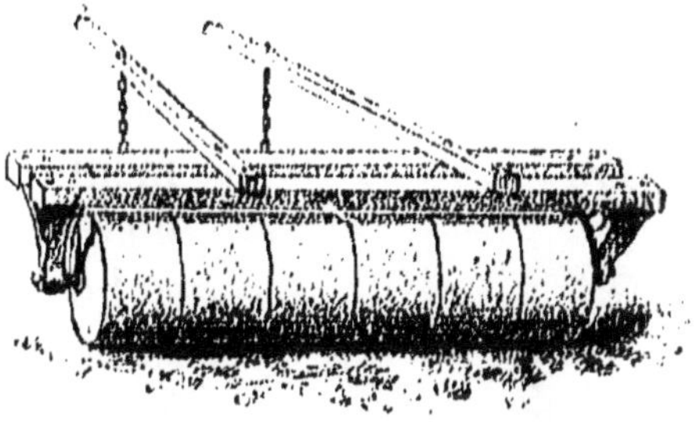

Fig. 86. — Rouleau.

l'action de la sécheresse et à la voracité des oiseaux.

Cette opération faite à l'aide de la herse se nomme *hersage*. Un bon hersage vaut parfois un labour.

On passe quelquefois un *rouleau* sur les champs ensemencés, pour tasser légèrement la surface du sol et enterrer les grains qui ne l'auraient pas été par la herse.

Questionnaire. — Comment peut-on diviser les plantes? — Qu'appelle-t-on jardin; — champ; — prairie; — forêt? — Qu'appelle-t-on céréales? — Citez les céréales que vous connaissez. — Qu'appelle-t-on instruments aratoires? — Quel est le plus important de ces instruments? — Nommez les différentes parties d'une charrue. — En quoi consiste le labourage? — Qu'appelle-t-on semailles? — Quelles sont les deux époques de l'année où se font la plupart des semailles? — Parlez de la herse et du rouleau.

Dixième Leçon.

LA MOISSON

54. — Dans notre dernière leçon, nous avons passé en revue les différents travaux que réclame la culture du Blé et des céréales en général.

Aujourd'hui, mes amis, nous allons nous occuper de la *récolte*, qu'on a spécialement appelée la *moisson*. Elle se fait à des époques variables, suivant l'espèce de céréale et le climat du pays; en France, elle a lieu principalement dans les mois de juillet et d'août.

Le Blé étant mûr, on le *moissonne*, c'est-à-dire qu'on le coupe à l'aide d'instruments appelés *faucilles*, *faux*, *sapes*, *moissonneuses*.

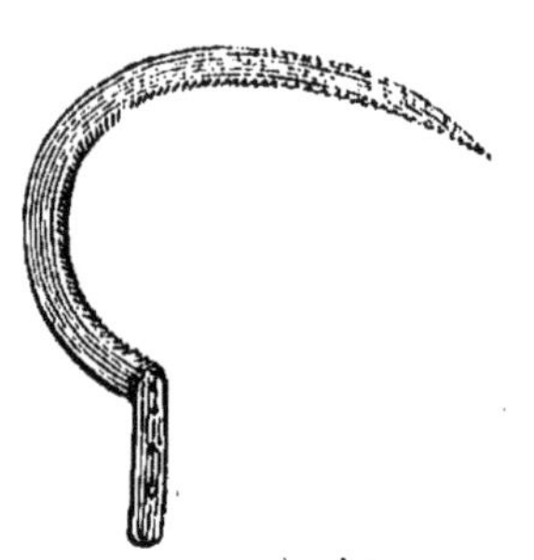

Fig. 87. — Faucille.

La *faucille*, connue depuis bien des siècles, est une lame d'acier recourbée en forme de fer à cheval, pourvue ou non de dents.

D'une main, le *moissonneur* saisit une poignée de blé, qu'il coupe avec la faucille tenue de l'autre main. Le Blé est alors mis en petits tas ou *javelles*, que l'on réunit ensuite pour en faire des *bottes* nommées *gerbes*.

Le travail à la faucille est pénible, car il oblige les ouvriers à se tenir fortement courbés; de plus, il est très lent, mais il a l'avantage d'être mieux fait que par tout autre procédé.

La *faux* employée à couper le Blé est la même que

celle dont on se sert pour faucher l'herbe des prairies, sauf qu'elle est surmontée d'une sorte de *râteau* empêchant les épis coupés de tomber et de s'éparpiller dans tous les sens.

La faux a l'inconvénient de faire perdre du grain, quand le Blé est bien mûr et l'épi bien sec.

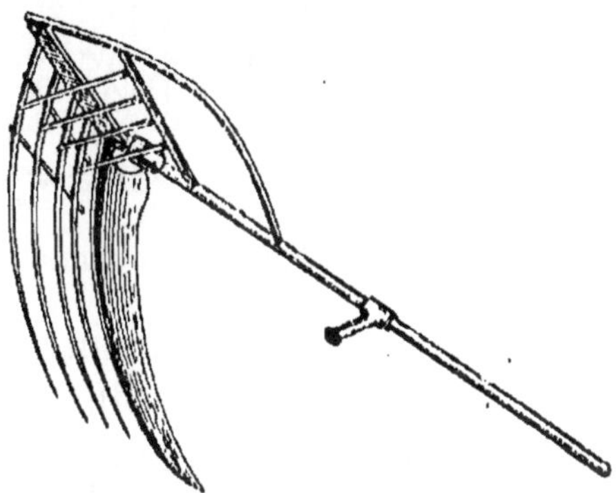

Fig. 88, 89. — La sape et son crochet.

Fig. 90. — Faux avec râteau.

La *sape* est une petite faux à manche court, qui remplace avantageusement la faux ordinaire.

Enfin, dans les grandes exploitations, pour faire beaucoup de besogne et économiser les bras, on se sert de machines dites *moissonneuses*, tirées par des chevaux.

Quel que soit l'outil employé, il faut toujours lier le blé en gerbes pour le transporter à la ferme. Quelquefois on met ces gerbes en petits tas dans les champs ; ces tas se nomment *moyettes*.

La rentrée des céréales se fait à l'aide de voitures appelées *charrettes*. Les gerbes sont mises en tas, soit dans la cour, soit dans la grange, soit dans les champs.

Quelle joie pour le cultivateur quand les céréales se trouvent rentrées à la ferme ! Les rudes travaux, qui

Fig. 91. — Moissonneuse attelée.

Fig. 92. — Moyettes.

ont duré une année entière, touchent à leur fin ; plus d'orages, de pluies continuelles, de grêle meurtrière à redouter. Il est là, sous sa main, cet épi béni et précieux qui lui coûta tant de labeur, de persévérance et de soucis ! Il n'y a plus que l'incendie à redouter.

Que reste-t-il à faire maintenant ? vous le savez tous, mes amis, il s'agit de séparer le *grain* de la paille.

Le Battage et le Vannage.

52. — Pour séparer le grain de la paille, il faut *battre* le blé : c'est le *battage*.

Pour faire cette opération, on s'y prend de plusieurs manières. On se sert du *fléau*, ou d'une machine appelée *batteuse*.

Quel que soit le mode de battage, on le pratique à différentes époques de l'année, suivant l'usage du pays : ici le battage a lieu *en plein air*, aussitôt après la moisson ; là il se fait *dans la grange* et principalement en hiver.

Occupons-nous d'abord du battage au *fléau*, le seul mode qui ait été employé pendant longtemps. Voici comment on procède.

On choisit un emplacement convenable pour établir l'*aire*, c'est-à-dire le terrain sur lequel on étendra le

Fig. 93. — Fléau.

Blé. Le Blé étant alors disposé sur l'aire, plusieurs *batteurs*, armés chacun d'un fléau, frappent à tour de rôle sur les épis.

Le fléau est en bois et composé de deux pièces attachées l'une à l'autre au moyen de courroies : l'une est le manche, long bâton que le batteur tient des deux mains ; l'autre bâton, plus gros et plus court, bat les épis pour les égrener. Cette dernière partie est quelquefois une planche d'une longueur et d'une largeur déterminées et appelée *batte*.

A l'aide d'un râteau et d'un large balai que l'on promène lentement sur le grain, on enlève les *balles* ou *courtes-pailles* mêlées au Blé, lequel est rassemblé aussitôt en tas, en attendant qu'il soit mieux nettoyé.

Tel est le mode de battage le plus ancien et le plus usité ; mais il en est d'autres qui permettent d'opérer bien plus vite.

Par l'emploi de *batteuses*, mises en mouvement soit

par des animaux, soit par la vapeur, le travail se fait avec une rapidité étonnante et avec une aussi grande perfection qu'au moyen du fléau.

Quand le grain est séparé de la paille, il s'agit de le nettoyer. Cette opération délicate consiste à le secouer dans une sorte de corbeille appelée *van* : c'est là le

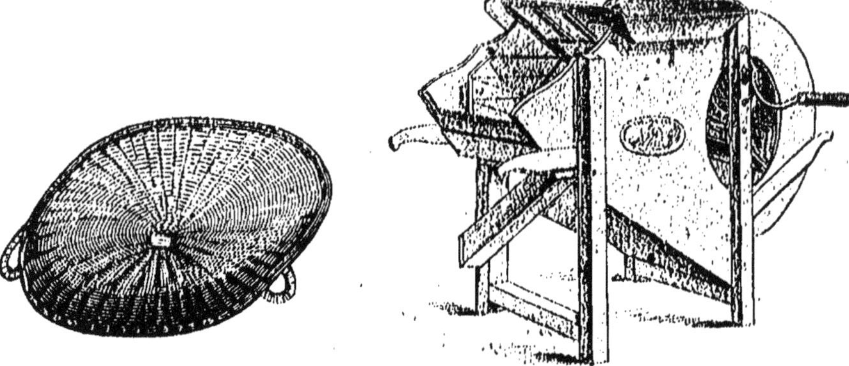

FIG. 94. — Van.

FIG. 95. — Tarare.

vannage. Le grain ainsi approprié est porté au grenier en attendant sa destination.

Pour nettoyer le grain, on emploie aussi une machine appelée *tarare*, qui permet d'aller beaucoup plus vite.

La Farine, la Meunerie.

53. — Nous venons de voir le grain nettoyé et monté au grenier. A quoi servira-t-il? A *faire du pain*, vous le savez, mes amis; mais on en réserve une certaine quantité pour la *semence*, afin d'obtenir une nouvelle récolte.

Occupons-nous du grain qui doit être converti en pain.

Si nous écrasons un grain de blé, nous remarquons qu'il se compose de deux parties, l'une extérieure, grossière et jaunâtre : c'est l'*écorce*, qui donne le *son*; l'autre intérieure et blanche : c'est la *farine*, employée à la fabrication du pain, base de notre nourriture.

Pour être converti en farine, le Blé est porté au *moulin*, où *le meunier le moud*. Les moulins sont mis en mouvement soit par le vent, soit par l'eau, soit par la vapeur; de là trois catégories de moulins : *à vent, à eau, à vapeur*. Dans tous les cas, le travail est le même. Voici comment se pratique l'opération :

Deux meules en pierre très dure sont placées l'une sur l'autre, et assez rapprochées. Au-dessus de ces deux meules se trouve une sorte de boîte nommée *trémie*, dans laquelle le meunier verse le Blé. Par une ouverture située au fond de la trémie le grain tombe dans un large trou pratiqué dans la meule de dessus, et c'est ainsi qu'il arrive sur celle de dessous, qui ne bouge pas. La meule supérieure seule tourne. Ce mouvement de *rotation* produit l'écrasement du grain.

Fig. 96, 97. — Tamis et tamisage.

On a alors un mélange de farine et de son, qui doit être *tamisé*. Le *tamisage* consiste à séparer la farine du son, ces deux produits des grains de Blé écrasés par la meule.

L'instrument employé à cette besogne se nomme *tamis*. C'est une sorte de boîte ronde, dont le fond est formé d'une toile en crin ou en soie; on y dépose le mélange de farine et de son tel qu'il provient de la meule. La farine seule est assez fine pour passer au travers de la toile du tamis; le son reste dessus. Afin d'aller plus vite, on se sert aujourd'hui d'un instrument appelé *blutoir*, et le travail ainsi fait se nomme le *blutage*.

La farine débarrassée du son, blanche et fine, est employée à la fabrication du pain, et le son est une excellente nourriture pour les animaux.

C'est ainsi, mes enfants, que rien n'est perdu dans les produits de la moisson. La paille aussi a son emploi. Elle sert de litière aux bêtes de la ferme, auxquelles on la donne encore comme nourriture.

Le Pain, la Boulangerie.

54. — Pour faire le pain, on emploie de la farine et de l'eau.

Dans beaucoup de campagnes, le pain est fabriqué chez les cultivateurs. Il est généralement moins blanc et moins agréable au palais que le pain préparé par le boulanger; mais, en revanche, il est plus nourrissant : c'est le pain dit de *ménage*.

Le travail de fabrication étant à peu près le même dans les deux cas, nous allons assister au travail du *boulanger*.

Le voici à l'œuvre. Il dispose d'abord le *levain*, qui est ordinairement de la pâte aigrie provenant d'une opération précédente. Ce levain a pour but de faire gonfler la pâte et de la rendre plus légère.

La quantité de farine que l'on veut convertir en pain a été placée dans une sorte de coffre appelé *huche*, *pétrin* ou *maie*. Au milieu du tas de farine, on pratique un creux dans lequel on délaye le levain avec de l'eau tiède et une partie de la farine, le tiers environ. On recouvre cette pâte d'une toile et on la laisse en repos environ une demi-journée. On la délaye de nouveau, toujours avec de l'eau tiède, en ayant soin d'y mêler peu à peu toute la farine que l'on veut employer. On ajoute à ce mélange un peu de sel, pour donner de la saveur au pain.

Quand toute la pâte est bien brassée, bien pétrie, on la divise en portions nommées *pâtons*. Les pâtons sont ensuite placés dans des corbeilles garnies de toile à l'intérieur, où ils finissent de se gonfler. Il se forme alors dans la pâte une quantité de petits trous produits par la fermentation et bien connus sous le nom d'*yeux du pain*.

Pendant ce temps, le four est chauffé soit avec des fagots, soit avec des bûches de bois tendre, de sapin, par exemple. Quand la chaleur est jugée suffisante, on retire la braise du four, dont on nettoie soigneusement l'aire ; puis on y met le pain au moyen d'une pelle à long manche : cela s'appelle *enfourner*. La cuisson achevée, le pain est retiré du four.

Mais revenons au pétrissage. Il se fait ordinairement à force de bras ; cependant on commence à se servir d'appareils nommés *pétrins mécaniques* ; de cette manière, la besogne se fait plus vite et aussi bien, sinon mieux, qu'à force de bras.

Vous voyez, mes amis, quels travaux pénibles et lents, minutieux et divers, exige ce morceau de pain qui constitue votre goûter. Le proverbe a raison, qui dit : « On n'a rien sans peine. » Vous aussi, comme le laboureur, vous récolterez, en un beau jour de moisson, le fruit de votre travail. Si vous avez beaucoup semé dans un sol bien préparé, vous récolterez beaucoup, votre moisson sera abondante.

Rappelez-vous ces deux vers du bon La Fontaine :

> Travaillez, prenez de la peine
> C'est le fonds qui manque le moins,

et tâchez de mettre en pratique ce sage précepte du fabuliste.

Questionnaire. — Qu'appelle-t-on moisson? — Quels sont les différents instruments dont on se sert pour couper les céréales? — Que savez-vous de chacun d'eux? — En quoi consiste le battage? — Dites ce que vous en savez. — Parlez du nettoyage du grain ou vannage. Parlez de la mounerie et du tamisage. — Dites ce que vous savez de la fabrication du pain. — Qu'ajoute-t-on à la pâte pour la faire gonfler et la rendre plus légère? — Que lui ajoute-t-on encore pour lui donner du goût?

Onzième Leçon.

LE SEIGLE

55. — A présent que nous connaissons la culture du Blé et la fabrication du pain, disons un mot des autres céréales cultivées dans notre chère France.

Le *Seigle*, comme le Froment, se sème à l'automne et passe l'hiver en terre. Il demande un sol léger, et prospère là où le Blé ne donnerait que de maigres produits.

Sa farine, moins abondante et moins riche en *gluten* que celle du Blé, donne cependant un pain savoureux, qui a le précieux avantage de rester frais assez longtemps, avantage inappréciable pour le cultivateur dont les occupations multiples ne lui laissent guère le loisir de cuire souvent.

Le pain de Seigle ne convient pas à tous les estomacs.

La farine de Seigle unie à celle du Froment constitue le *méteil*, nourriture à la fois saine et économique; unie au miel, elle forme le *pain d'épice*, nous l'avons déjà vu en parlant des abeilles.

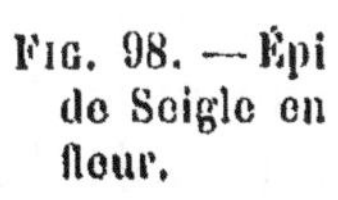

Fig. 98. — Épi de Seigle en fleur.

Le Seigle est une excellente plante fourragère. Sous ce rapport, il est très utile au cultivateur, qui, faute de cette précieuse ressource, serait obligé de tenir au sec ses bestiaux durant tout le printemps, époque à laquelle l'herbe n'est pas encore poussée suffisamment, tandis que le Seigle peut déjà fournir un fourrage agréable et rafraîchissant.

C'est d'ailleurs ce qu'ont déjà compris certains cultivateurs intelligents, qui sèment, chaque année, à la fin de l'été, du Seigle pour fourrage.

L'Orge.

56. — *L'Orge commune* est, comme le Seigle, originaire de la Haute-Asie.

Sa farine, inférieure à celle du Seigle, donne un pain qui, par son aspect et par son goût, justifie bien l'expression populaire : *grossier comme du pain d'Orge.*

Ses fruits, ses *grains*, comme on dit vulgairement, ont encore aujourd'hui le privilège qu'ils ont eu de tout temps, celui de servir à la fabrication de la bière, préférablement à ceux des autres céréales.

L'Orge ne sert plus guère à la panification, si ce n'est dans certaines contrées pauvres; mais elle est très employée en bouillie sous le nom de : *Orge mondé, Orge perlé.*

L'Orge mondé est celui dont on a seulement enlevé l'écorce; l'Orge perlé est celui dont on a enlevé l'écorce et que l'on a lissé et arrondi comme des perles. .

La liqueur connue sous le nom d'*orgeat* est ainsi appelée parce qu'on la fabriquait autrefois essentiellement avec de l'Orge; mais aujourd'hui cette céréale y est remplacée par les amandes.

L'Avoine.

57. — *L'Avoine*, cultivée principalement pour les

chevaux, pour lesquels elle est un stimulant qu'ils
aiment beaucoup, donne plus de son et moins de farine

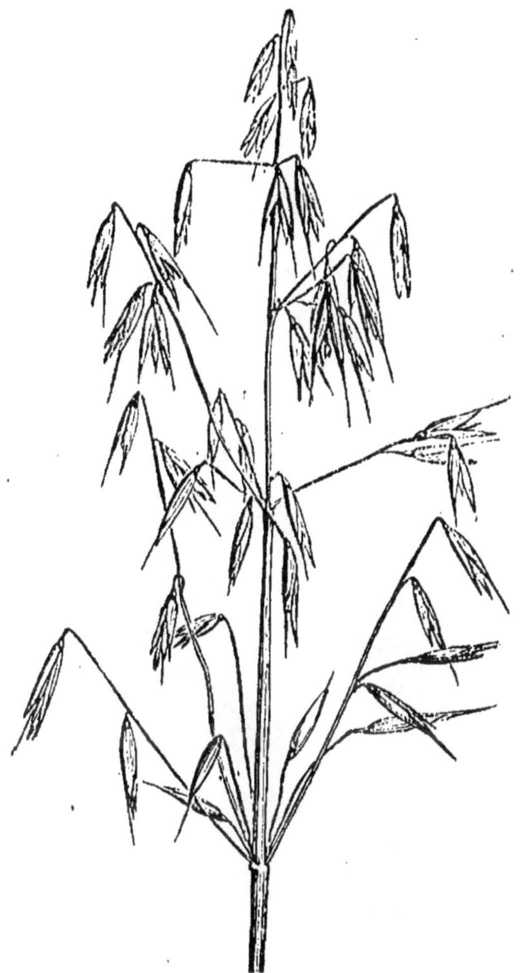

Fig. 99. — Portion de grappe d'Avoine.

que les autres céréales. Sa farine donne un pain, dit
pain de gruau.

L'Avoine s'accommode de tous les sols, ce qui en rend
la culture facile.

Le Maïs.

58. — Malgré son nom vulgaire de *Blé de Turquie*, le *Maïs* n'est originaire ni de la Turquie ni de l'Orient:

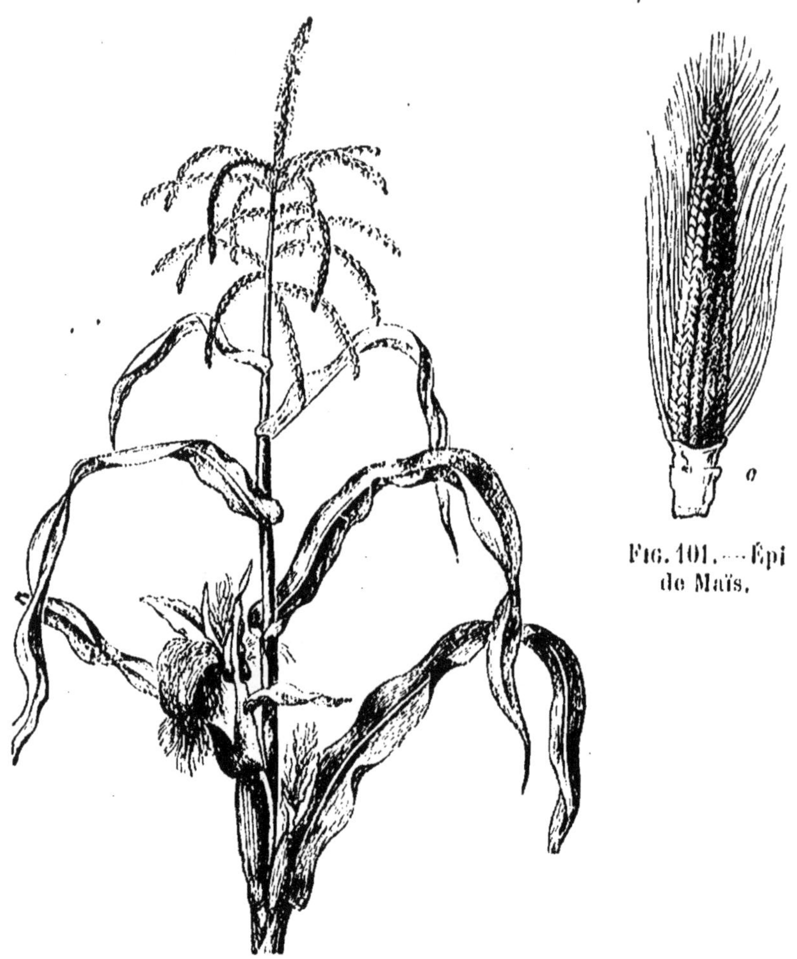

FIG. 101. — Épi de Maïs.

FIG. 100. — Sommité de Maïs.

c'est une plante américaine, la plus imposante de nos Graminées. Elle craint le froid et est sujette à une maladie nommée le *charbon*. Elle se sème au printemps, rapporte beaucoup, mais épuise le sol dans lequel on la cultive.

Le Maïs est peu propre à la panification. Sa farine est surtout employée sous forme de bouillie. Cette bouillie est saine et légère, et sa préparation n'exige que peu de temps.

Le Maïs est une excellente nourriture pour la plupart de nos animaux, qui en mangent les grains soit secs, soit trempés dans l'eau.

Les tiges et les feuilles, à l'état vert, sont une nourriture excellente pour les bœufs et les vaches.

La tige du Maïs est une matière dont on peut tirer un très grand profit. Outre son emploi comme fourrage, on en peut extraire du sucre, car elle en contient presque autant que celle de la *canne* quand on la débarrasse assez tôt de ses épis et qu'on la laisse ainsi mûrir privée de son fruit, qui eût absorbé presque tout son sucre.

La pulpe que l'on obtient après l'extraction du sucre donne un excellent papier d'emballage complétement imperméable.

Le Maïs passa d'abord d'Amérique en Espagne, puis d'Espagne en France, sous le règne de Henri II.

Son grain vient en premier lieu après le Froment et le Riz.

Le Riz.

59. — Le *Riz* passe pour la plus répandue de toutes les céréales. Il est la nourriture principale des habitants de plus de la moitié du globe. Mais c'est en Chine qu'on en consomme le plus.

Cette plante exige, pour bien prospérer, une température très élevée, un climat humide et chaud ; aussi la cultive-t-on principalement dans des lieux marécageux auxquels on donne alors le nom de *rizières*.

Les environs des rizières sont malsains et fréquentés par des maladies épidémiques, ce qui nous a empêchés

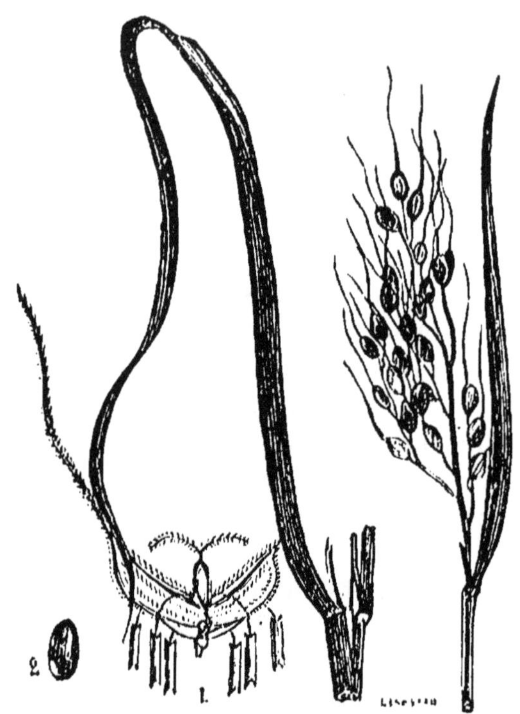

FIG. 102, 103, 104, 105. — Riz. Au milieu, portion de tige avec une feuille; à droite, un épi avec une feuille.

1, fleur; — 2, grain.

d'introduire cette plante dans le midi de la France où elle aurait pu être cultivée à la rigueur.

Le Riz fournit une paille plus ferme que celle du Froment et qui peut être employée à la confection des chapeaux.

Sa farine ne peut être convertie en pain. Aussi se borne-t-on à débarrasser les grains de leur écorce au lieu de les écraser.

Le Sarrasin.

60. — Toutes les céréales que nous avons passées en revue appartiennent à une même famille de plantes, la famille des *Graminées;* mais il est une autre céréale qui réussit fort bien dans certaines régions où le sol est pauvre et ne convient pas aux plantes déjà étudiées : c'est le *Sarrasin* ou *Blé noir.*

Le Sarrasin est très utile. L'homme fait du pain de sa graine, laquelle est mangée avec avidité par les oiseaux de la basse-cour.

La plante entière, encore jeune, est un excellent fourrage pour les

Fig. 106. — Sarrasin ou Blé noir.

animaux et un engrais vert qui n'est pas sans valeur.

Les plaines stériles de la *Sologne* et les terrains granitiques de la *Bretagne* et de l'*Auvergne* en produisent des quantités.

La Pomme de terre ou Parmentière.

61. — Le pain, avons-nous dit, est la base de notre nourriture; mais, comme nous avons besoin d'une nourriture variée, nous la demandons non seulement aux céréales, mais aussi à d'autres plantes alimentaires, comme la Pomme de terre, les Haricots, les Pois, les Choux, les Carottes, les Navets, etc.

Nous avons cité la *Pomme de terre* en première ligne, car sa place d'honneur se trouve immédiatement après les céréales. Elle est presque la seule nourriture du pauvre dans certains pays, sans compter qu'elle est également recherchée sur la table du riche.

Il y a un siècle à peine que la Pomme de terre est répandue en France et même en Europe. Elle existait à l'origine en Amérique seulement, où elle n'était l'objet d'aucune culture et était considérée, peut-être avec raison, comme une plante dangereuse. Depuis, la culture lui a enlevé toute propriété malfaisante.

Un Français, nommé *Parmentier*, parvint, non sans de grandes difficultés, à la faire accepter dans sa patrie comme plante alimentaire. Aujourd'hui la Pomme de terre est, dans beaucoup de pays, l'objet d'une culture importante.

En souvenir de Parmentier, on l'appela *Parmentière*, et c'est le nom qu'elle porte encore aujourd'hui dans certaines localités.

La Pomme de terre a l'avantage de s'accommoder de tous les terrains, et, par cela même, il est peu de plantes dont la culture soit aussi facile.

La Pomme de terre est du pain tout fait.

Elle est riche en *amidon* ou *fécule*, mais c'est la seule substance alimentaire qu'elle contienne; aussi ne peut-elle, comme le Blé, suffire seule à la nourriture de l'homme.

Cet amidon ou fécule est extrait en grand aujourd'hui.

Enfin, on peut retirer de la Pomme de terre une eau-de-vie de qualité inférieure, mais qui trouve son emploi.

Pour reproduire la Pomme de terre, on en plante

une comme celles que nous mangeons. De chacun des

Fig. 107. — Sommité de Pomme de terre fleurie.

trous visibles à sa surface, il sort une ou plusieurs

pousses, nommées *fanes*, qui s'élèvent dans l'air et portent des fleurs, auxquelles succèdent de petites boules ou *baies*.

Ces baies sont les fruits, qu'il serait imprudent de manger.

La Pomme de terre n'est pas le fruit de la plante.

Ce n'est pas un fruit, ce n'est pas même une racine, mais un *tubercule*, une tige *souterraine*, ou mieux une branche ou portion de branche.

D'ordinaire, c'est dans le fruit qu'est le germe.

Aussi pourrait-on semer les graines contenues dans les baies; mais on n'obtiendrait alors que de très petits tubercules, et, pour en avoir de convenables, il faudrait attendre plusieurs années; au lieu qu'en plantant une Pomme de terre, la plante est reproduite pareillement et porte de nombreux tubercules semblables à celui qu'on a planté.

Le succès de cette précieuse plante augmente tous les jours; plus nous allons, plus s'étend, plus s'affermit la place d'honneur que la Parmentière occupe dans l'alimentation de l'homme et des animaux.

Honneur donc au Français qui a su doter sa patrie d'une plante aussi précieuse, et qui, par ce service insigne, qui se renouvelle chaque année, a fait plus pour son pays que s'il avait conquis des empires!

Questionnaire. — Le Seigle est-il avantageux pour faire du pain? — Quel est l'avantage et quel est l'inconvénient du pain de Seigle? — En quoi le Seigle est-il encore précieux? — Le pain d'Orge est-il bon? — Qu'appelle-t-on Orge perlé; — Orge mondé? — A quoi sert-il encore? — L'Avoine est-elle fort utile? — Comment appelle-t-on le pain d'Avoine? — Dites tout le parti que l'on peut tirer du Maïs. — Que savez-vous du Riz? — Le Sarrasin ou Blé noir est-il de la même famille que les autres céréales? — Où le cultive-t-on en France? — Parlez de la Pomme de terre. — A qui revient l'honneur de l'avoir propagée en France?

Douzième Leçon.

PLANTES A BOISSON

Vigne, Pommier, Poirier, Orge, Houblon.

62. — Nous venons de nous occuper du pain, qui est un *aliment solide*; occupons-nous à présent du vin, qui est un *aliment liquide*. Nous parlerons ensuite des autres liquides désignés sous le nom général de *boissons*.

Les principales plantes qui nous fournissent des boissons ordinaires sont :

La Vigne, qui nous donne le vin;

Le Pommier et le Poirier, qui nous donnent le cidre et le poiré;

L'Orge et le Houblon, qui servent à fabriquer la bière.

La Vigne.

63. — La *Vigne* est un arbrisseau grimpant, que l'on cultive dans la plaine ou sur les pentes des coteaux.

Dans les champs, chaque pied de Vigne porte le nom de *cep*; dans les jardins, les ceps, plus développés et élevés contre un mur ou un treillage, forment une *treille*.

Chaque année on *taille* la Vigne, c'est-à-dire qu'on en coupe les rameaux.

Sans cette précaution, la grappe serait petite, le grain chétif et le jus peu abondant.

Les branches de Vigne sont trop faibles pour se soutenir d'elles-mêmes; mais elles sont pourvues de vrilles, sortes de mains qui leur permettent de s'accrocher aux objets voisins.

La Vigne croît à l'état sauvage dans les bois et les haies; mais, dans ce cas, ses fruits ne deviennent jamais bien gros et mûrissent difficilement.

Sa culture réclame des soins constants et minutieux; mais, en revanche, la plante s'accommode des plus mauvais sols et semble préférer les terrains pierreux à tous les autres.

Malheureusement cette plante est sujette aux maladies, comme aux fréquents ravages de certains insectes, notamment d'un papillon nommé *Pyrale de la Vigne*. Un autre insecte,

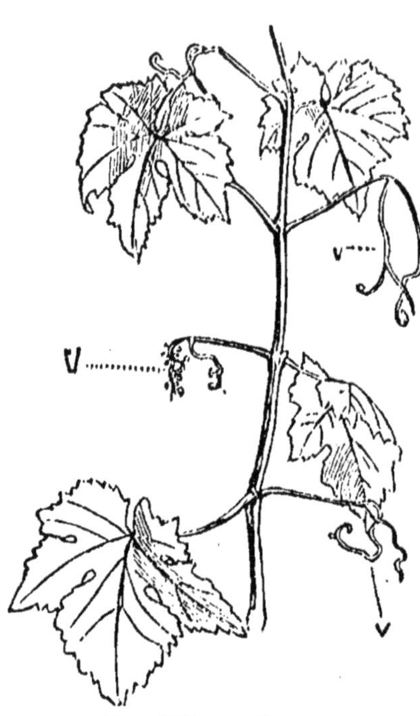

FIG. 108. — Vigne.
V, vrilles. A gauche, la vrille a donné une grappe.

un puceron d'une petitesse extrême, le *Phylloxera*, est le fléau des Vignes, qu'il attaque dans leur racine même. Depuis quelques années ce terrible insecte a dévasté les plus beaux vignobles de France (voy. fig. 81, 82).

Vous savez qu'un *vignoble* est une étendue de pays plantée de Vignes. Les plus célèbres de la France sont ceux du *Roussillon*, du *Bordelais*, de la *Bourgogne* et de la *Champagne*.

Les raisins n'ont pas tous la même couleur; les uns

sont blancs, les autres plus ou moins noirs. Il y a aussi deux sortes de vins, le *blanc* et le *rouge*.

Mais si les raisins *blancs* donnent seulement du vin blanc, les autres peuvent en fournir des deux couleurs. Nous dirons dans un instant comment cela se fait.

La Vendange.

64. — A la fin de septembre et au plus tard au mois d'octobre, les raisins sont mûrs. On les récolte alors; c'est la *vendange*.

Des hommes, des femmes, des enfants même, armés d'un couteau à lame recourbée en forme de

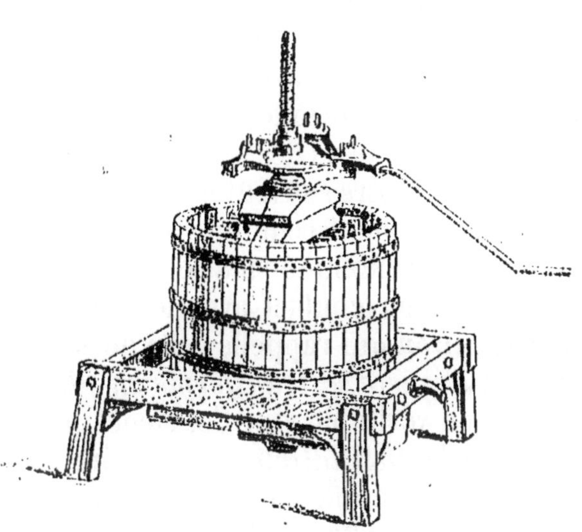

Fig. 109. — Pressoir.

faucille et nommée *serpette*, ou d'un *sécateur*, détachent les raisins du cep et les déposent dans un panier.

D'autres ouvriers, appelés *porteurs* ou *hotteurs*, se rendent auprès des vendangeurs, qui versent dans leur hotte le contenu des paniers; les raisins sont ainsi portés dans de grandes cuves placées sur des voitures au bord de la vigne; les cuves pleines, on les conduit à la ferme, et l'on écrase le raisin pour avoir du vin.

Le Vin.

65. — La fabrication du vin diffère un peu d'un pays à l'autre ; aussi dirons-nous en quoi elle consiste d'une manière générale.

Les raisins sont mis dans de larges bassins peu profonds dont l'aire est légèrement en pente.

Des hommes, pieds nus, ou chaussés de sabots, les écrasent en marchant dessus ; ou bien, chez les grands vignerons, le raisin se foule mécaniquement : c'est le *foulage*. Par un trou pratiqué au fond du bassin, le jus s'écoule, et les *pellicules* ou petites peaux restent avec la *rafle*, c'est-à-dire avec les autres débris de la grappe. Tout ce résidu porte le nom de *marc*.

Le jus, reçu dans des seaux, est porté dans des *cuves*, grands réservoirs souvent en chêne, et dont la capacité est ordinairement celle de vingt barriques ordinaires.

Le liquide, nommé *moût* ou *vin doux*, est trouble et sucré ; mis en contact avec le marc, il éprouve une *fermentation* qui rappelle celle de la pâte mélangée au levain : *le sucre se transforme en alcool* et le moût se change en véritable vin. Cet alcool peut être isolé ensuite par la *distillation*, c'est-à-dire par la chaleur.

La fermentation commence aussitôt que l'encuvage est fait ; mais elle n'est appréciable que le deuxième jour. Le moût s'échauffe, et le marc, montant à la surface de la cuve, forme ce que les vignerons appellent le *chapeau* ; on dit que le vin *bout*. Dès que celui-ci a cessé de bouillir, on procède au *décuvage*, opération qui consiste à retirer le vin de la cuve pour le mettre dans des tonneaux.

Quand les tonneaux sont remplis, on les place dans des bâtiments frais nommés *celliers*, *chais*, où la fermentation continue. Les tonneaux sont imparfaitement bouchés, autrement les gaz qui se dégagent les feraient éclater. Un linge mouillé appliqué sur l'ouverture remplace donc la *bonde*. Dans certaines localités, on se borne à mettre une feuille de Vigne sur laquelle on place une pierre plate pour la maintenir.

Une forte écume sort par le trou de bonde. On est alors obligé de remplir le tonneau de temps en temps.

Les impuretés tombent au fond du tonneau et forment la *lie*. Le vin devient clair.

Le Marc.

66. — On le porte au *pressoir*, pour en extraire le peu de jus qui y reste, et dont on obtient un vin inférieur au premier. Le marc, presque épuisé, est ensuite additionné d'eau, puis passé de nouveau au pressoir; il en sort une boisson nommée *piquette*.

Pour obtenir du vin blanc avec des raisins noirs, il suffit de séparer le jus d'avec le marc *aussitôt le foulage terminé*, car la matière colorante est tout entière dans la pellicule du raisin et dans la rafle.

Dans presque tous les pays vignobles on *soutire* le vin à la fin de l'hiver. Cette dernière opération, qu'on appelle *soutirage*, consiste à changer le liquide de tonneau, car, en restant en contact avec la lie, le vin pourrait se gâter.

Enfin, le vin peut être mis dans des bouteilles, où il se conserve mieux et s'améliore même; c'est ce que l'on appelle *mise en bouteilles*.

Questionnaire. — Quelles sont les principales plantes qui nous donnent des boissons? — Quels soins réclame la Vigne? — Quels sont ses ennemis? — Qu'appelle-t-on vignoble? — Quels sont les principaux vignobles de France? — Qu'est-ce que la vendange? — A quel moment de l'année a-t-elle lieu en France? — Dites ce que vous savez de la fabrication du vin. — Qu'est-ce que la fermentation? — — Qu'appelle-t-on marc? — Que fait-on du marc?

Treizième Leçon.

LES POMMES ET LE CIDRE, LA BIÈRE

67. — Nous nous occuperons aujourd'hui, mes amis, du *cidre* et de la *bière*.

Dès lors que vous connaissez la fabrication du vin, vous comprendrez aisément celle du cidre et celle de la bière. Les procédés sont à peu près les mêmes.

Le cidre est fourni par les *pommes*, comme le vin est fourni par le raisin. Dans certaines parties de la France, où la température n'est pas assez chaude pour amener la maturité du raisin, on utilise le fruit du Pommier pour faire cette boisson.

Les pommes à cidre, généralement acides et amères, donnent un produit bien supérieur à celui que fourniraient les pommes de table.

Voici comment on procède dans la fabrication du cidre :

Les fruits, détachés en secouant les arbres ou en les frappant avec une grande gaule, sont mis en tas dans les champs, puis écrasés à l'aide d'un petit moulin, mis en mouvement par des hommes au moyen de manivelles. Ces pommes sont ainsi converties en une sorte de bouillie nommée *pulpe*, qui est placée ensuite dans de grands baquets. On y ajoute environ 25 litres d'eau pour 800 litres de pulpe.

Le jus de la pomme s'obtient en pressant fortement la pulpe entre des lits de paille bien lavée, ou bien entre des nattes de crin, au moyen du pressoir.

On verse ensuite ce jus ou *moût*, qui est très sucré, dans de grands tonneaux, dont la bonde est généralement remplacée par un simple linge mouillé, comme pour le vin. Il se produit également dans le tonneau à cidre une *fermentation qui transforme le sucre en alcool*, lequel peut aussi être isolé par la distillation. Les débris de pommes et les *pépins*, c'est-à-dire les graines, tombent au fond du tonneau et forment, comme vous le savez déjà, un dépôt connu sous le nom de *lie*.

Telle est la fabrication du cidre. Il n'y aura plus maintenant qu'à le soutirer quand il sera devenu clair.

Le cidre est une boisson excellente, rafraîchissante et saine.

On fabrique aussi avec des poires une boisson de ce genre, à laquelle on donne le nom de *poiré*.

Les départements français où l'on fabrique le plus de cidre sont : la *Seine-Inférieure*, le *Calvados*, l'*Orne*, la *Manche*, la *Somme*, le *Nord*, le *Pas-de-Calais*, les *Côtes-du-Nord*, le *Finistère*, et, dans une autre région, la *Creuse*, etc.

De tous les cidres qui se fabriquent en France, les plus renommés sont ceux de la *Normandie*; et de tous les cidres normands, les plus appréciés sont ceux de la *vallée d'Auge*, dans le *Calvados*, vallée arrosée par la Dives.

On plante aujourd'hui des Pommiers à cidre dans plusieurs départements où la Vigne n'a pu résister à la maladie ou aux attaques de ses terribles ennemis.

Le Houblon.

68. — A côté du vin et du cidre se place la *bière*, dont il se fait aujourd'hui une très grande consommation.

La bière est fabriquée avec des *grains d'Orge* et des *fruits de Houblon*.

Vous savez tous que l'Orge est une céréale; nous n'avons pas à la décrire à nouveau; nous parlerons seulement du Houblon, plante grimpante, à larges

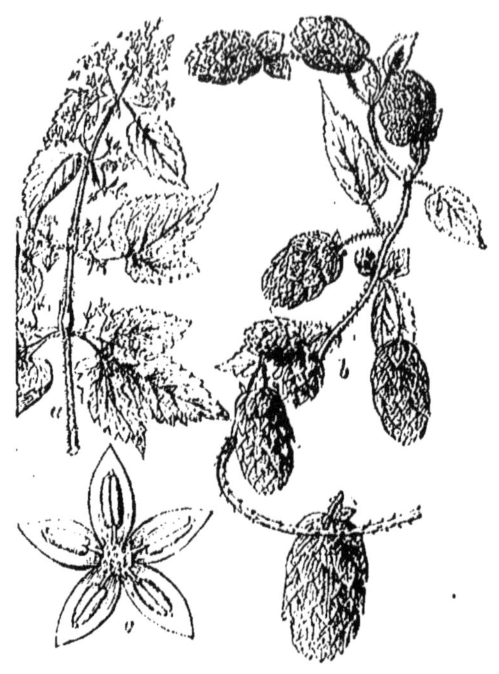

Fig. 110, 111, 112. — Houblon.

a, pied mâle; — b, pied femelle; — c, fleur mâle ou à étamines.

feuilles et à tige sarmenteuse. Trop faible pour s'élever sans appui, cette tige s'enroule autour des plantes et des objets qu'elle rencontre.

Le Houblon croît spontanément dans les haies, spécialement dans les lieux frais et humides. Les fruits sont d'abord disposés en chatons, et à la maturité ils sont en *cônes*. On cultive cette plante en grand dans le nord et le nord-est de la France.

Les champs ensemencés de Houblon se nomment *houblonnières*. Les tiges grimpent en s'enroulant autour de longues perches plantées en terre. Sans l'appui de ces perches, les tiges s'allongeraient sur le sol et donneraient peu ou point de fruits.

Dès que les fruits sont suffisamment développés, on les cueille pour les faire sécher et les employer ensuite à la fabrication de la bière.

Fabrication de la bière.

69. — La première des opérations que nécessite la *fabrication de la bière* consiste à arroser les grains d'Orge pendant près de vingt jours. Sous l'action de l'eau, ces grains se ramollissent et gonflent, puis de chacun d'eux sort une petite pousse ou *germe*.

L'*Orge germée* est ensuite étendue dans des greniers, et remuée de temps à autre afin qu'elle sèche et se débarrasse de ses pousses amères. Les grains seuls sont sucrés. Si l'on faisait de la tisane avec des grains d'Orge ainsi préparés, elle serait sucrée d'elle-même.

Cependant la bière, au lieu d'être sucrée, est assez amère.

Son amertume lui vient du Houblon, qui lui donne aussi une saveur aromatique.

Ainsi, pour fabriquer la bière, on mouille les grains d'Orge, c'est le *mouillage ;* les grains germent, c'est la *germination ;* on les fait sécher, c'est le *séchage*.

Ces trois opérations constituent la *première phase* de la fabrication.

Dans la *seconde phase*, on écrase les grains entre deux meules, et l'on obtient alors un mélange grossier de farine et de son, appelé *malt*.

Le malt est mis ensuite dans de grandes cuves avec de l'eau chaude, et des ouvriers *brasseurs* remuent le mélange avec de grandes pelles de forme particulière.

On obtient ainsi un liquide sucré, nommé *moût* comme le jus de raisin et le jus de pomme. On le fait bouillir; on y ajoute des *fruits de Houblon*, puis on le fait bouillir de nouveau pendant quatre ou cinq heures.

Le liquide est ensuite reçu, pour se refroidir, dans d'immenses cuves dites *refroidissoirs* ou *rafraîchissoirs*.

A ce mélange d'eau, d'Orge et de Houblon, on ajoute de la levure de bière, laquelle détermine dans la masse une sorte de bouillonnement : c'est la fermentation qui a lieu. Comme dans le vin et dans le cidre, *cette fermentation transforme le sucre en alcool.*

Alors le moût n'existe plus; il s'est changé en bière, ayant son amertume et son arome propres.

La bière est une boisson qui peut se conserver assez longtemps. Elle est saine et rafraîchissante, et rend les plus grands services dans les pays du Nord où le raisin ne peut mûrir.

Questionnaire. — Qu'est-ce que le cidre? — Comment fabrique-t-on le cidre? — Dans quelle proportion faut-il ajouter de l'eau à la pulpe? — Où fabrique-t-on le plus de cidre en France; — et le meilleur? — Parlez du Houblon et de sa culture. — Comment fabrique-t-on la bière? — Pourquoi ajoute-t-on de la levure de bière au mélange d'Orge et de Houblon? — Dans quelles régions consomme-t-on le plus de bière?

Quatorzième Leçon.

LE POTAGER

Les Plantes potagères ou Légumes (1).

70. — Si je vous demandais de citer des *légumes* ou *plantes potagères*, vous ne seriez pas embarrassés, assurément.

Tous, vous connaissez les *Choux*, les *Carottes*, les *Navets*, les *Haricots*, les *Salades*, les *Oignons*, etc.

Les plantes potagères peuvent se diviser en plusieurs *catégories*, d'après les parties qui servent à l'alimentation ; mais il est bien difficile, sinon impossible, d'établir une division rigoureuse ; car, si, chez les unes, on mange les feuilles seulement comme dans les différentes variétés de Salades, chez les autres, au contraire, ce sont les graines ou les fruits qui sont *comestibles*, comme dans le Pois et le Haricot ; chez d'autres, c'est la racine ou plutôt la *souche* que l'on mange, comme dans la Carotte et le Navet, et chez d'autres enfin, plusieurs parties sont comestibles.

Cependant nous pouvons les diviser en cinq catégories :

1° *Plantes à enveloppes florales comestibles ;*
2° *Plantes à graines et à fruits comestibles ;*
3° *Plantes à racines ou à tubercules comestibles ;*
4° *Plantes à feuilles ou à tiges comestibles ;*
5° *Plantes employées à l'assaisonnement.*

Pour que vous compreniez mieux ce qui va suivre, il

(1) Pour plus de détails sur les matières des leçons XIV et XV, voir nos *Notions sur l'Agriculture et l'Horticulture à l'usage de l'enseignement primaire, Cours élémentaire.*

faut que vous sachiez quelles sont les différentes parties d'un végétal.

Ainsi, un *Églantier* (fig. 113) ou *Rosier sauvage* se compose de deux parties : l'une qui s'enfonce dans la terre, c'est la *racine*; l'autre qui s'élève dans l'air en forme de colonne, c'est la *tige*, qui porte des *branches* sur lesquelles on voit des feuilles, des fleurs et des fruits.

1° PLANTES POTAGÈRES A ENVELOPPES FLORALES COMESTIBLES

Artichaut.

71. — Dans cette catégorie se trouve l'*Artichaut*, dont on mange l'extrémité supérieure et élargie de la tige et des branches, qui porte les fleurs et à laquelle on donne le nom de *plateau*; puis la partie inférieure des feuilles

FIG. 113. — Églantier ou Rosier sauvage.

1, fruits ;—2, fleurs;—3, feuilles;—4, branche ; —5, tige ;—6, racines.

vertes nommées *enveloppes florales* ou *écailles*.

L'Artichaut craint la gelée; aussi est-il indispensable, à l'automne, d'en recouvrir les touffes, soit de fumier, soit de feuilles sèches, pour les protéger du froid pendant l'hiver. On les garantit aussi quelquefois au moyen d'une couche de paille sur laquelle on se contente d'*amonceler* de la terre.

2° PLANTES POTAGÈRES A GRAINES OU A FRUITS COMESTIBLES

72. — Parmi les plantes potagères à graines ou à fruits comestibles, il convient de citer les *Pois*, les *Haricots*, les *Fèves*, les *Melons*, les *Concombres*, le *Giraumont*, vulgairement désigné sous le nom de *Citrouille*, le *Potiron*, et enfin la *Tomate*, de laquelle je vous dirai un mot tout d'abord.

La Tomate.

73. — La *Tomate* est une plante des pays chauds, mais qu'on peut cultiver dans toute la France en semant ses graines sur couche, au printemps. Elle est de la même famille que la Pomme de terre. Son fruit s'appelle *pomme d'amour*.

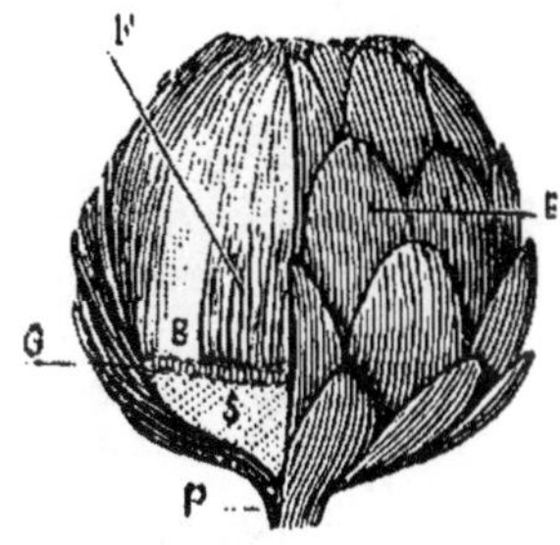

FIG. 114. — Tête d'Artichaut.

P, tige coupée; — E, écailles dont on mange la base; — S, fond bon à manger portant les fruits G; — F, fleurs appelées foin; — B, partie du fond débarrassée des fruits.

Les tiges de la *Tomate* sont trop faibles pour supporter le poids de leurs fruits; aussi doivent-elles être soutenues par un treillis en bois, ou par des fils de fer, ou simplement par des *tuteurs*.

La maturité des fruits est indiquée par leur couleur rouge. Dans notre pays, on les récolte en août et en septembre.

Pois, Fèves, Haricots.

74. — Quant aux autres plantes potagères de cette catégorie, elles vous sont trop connues pour que j'aie besoin de vous en parler longuement.

Vous savez tous que les *Pois*, les *Haricots* et les *Fèves*

Fig. 115. — Tomate (fruit).

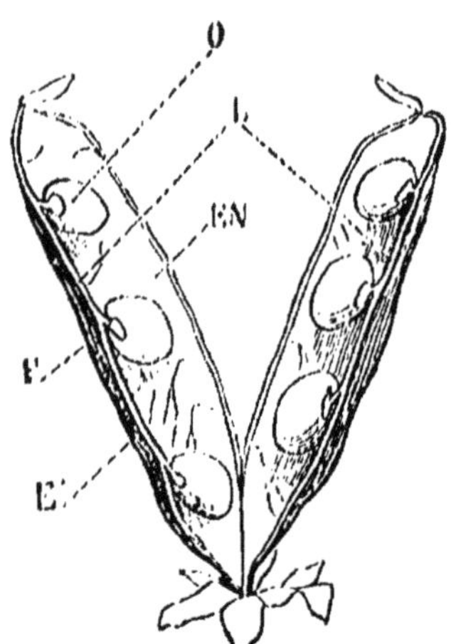

Fig. 116. — Gousse de Pois ouverte. — O, graine.

se sèment au printemps et se récoltent en été. Les graines de ces trois plantes se mangent aussi bien vertes que sèches.

Dans une variété de Pois appelée *Pois mange-tout*, le fruit, nommé *cosse*, est comestible comme les graines.

Dans le *Haricot flageolet*, la *cosse* est également comestible.

Le Melon.

75. — Le *Melon* est d'une culture minutieuse.
Il prospère bien en *plein air* dans le midi de la

France, mais demande à être cultivé sur *couche* et abrité dans le Nord.

On le sème généralement en mars.

Les principales variétés de *Melons* sont :

1° Le *Cantaloup*, peu allongé et muni de fortes côtes;

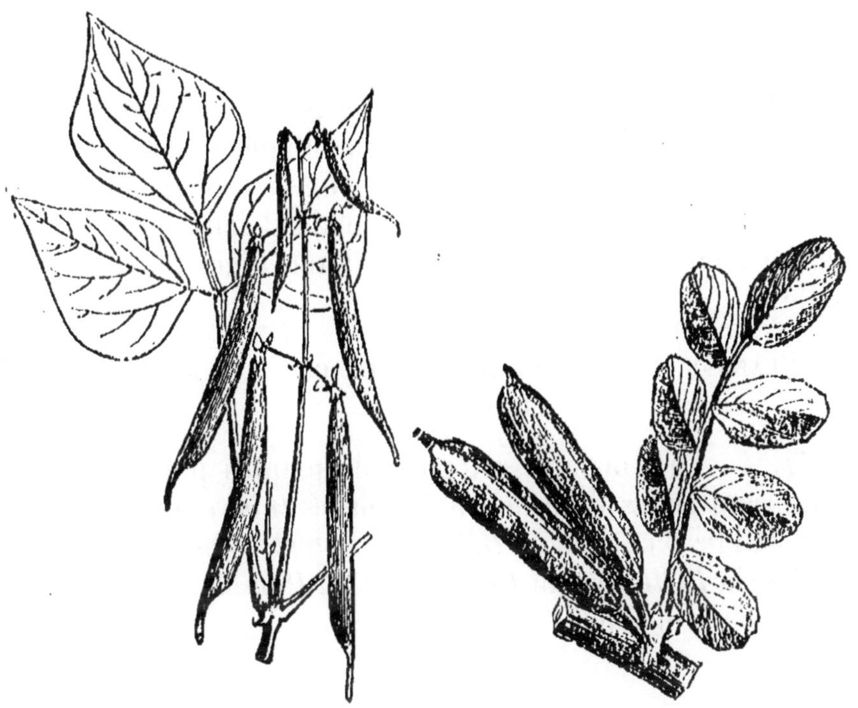

Fig. 117. — Haricot (6 fruits).   Fig. 118. — Fève (2 fruits).

2° Le *Melon brodé*, de même forme que le *Cantaloup*, mais dépourvu de côtes ;

3° Le *Melon de Chypre*, à peau *lisse* et *verte*, et à chair rouge ;

4° Le *Melon de Cavaillon*, de forme allongée, et qui est blanc à l'intérieur.

Les Citrouilles.

76. — Les *Citrouilles* ou *Giraumonts* sont faciles à cultiver et n'exigent aucun soin particulier.

Fig. 119. — Potiron.

Il en est de même du *Potiron*, puis du *Concombre* qui, coupé jeune, prend le nom de *Cornichon*.

Le *Cornichon*, conservé dans du vinaigre, est employé comme assaisonnement ; mais il faut bien se garder d'en faire excès, car il est d'une digestion difficile.

3° PLANTES POTAGÈRES A RACINES OU A TUBERCULES COMESTIBLES

77. — La troisième catégorie de plantes potagères comprend celles dont la *souche* ou les *tubercules* sont comestibles : ce sont le *Céleri*, le *Navet*, le *Salsifis*, le *Radis*, la *Betterave*, la *Carotte*, et la *Pomme de terre* que nous avons déjà étudiée.

Céleri.

78. — Il y a deux variétés de Céleri : l'une a une petite *souche*, et l'on n'en mange que les feuilles ; l'autre a une très forte *souche*, qui rappelle un peu un Navet informe. C'est le *Céleri à talon* ou *Céleri-rave*, ainsi appelé à cause de la forme de sa *souche*. Celle-ci est alimentaire. Ses feuilles le sont aussi ; mais on les donne le plus souvent aux animaux, car, ayant végété en plein air, elles sont dures et amères.

Le Céleri long se mange cru ou cuit. La souche du *Céleri-rave* se mange presque toujours cuite.

Par sa variété à *talon*, le Céleri appartient à la catégorie des plantes que nous étudions en ce moment, les *plantes potagères à racines ou à tubercules co-*

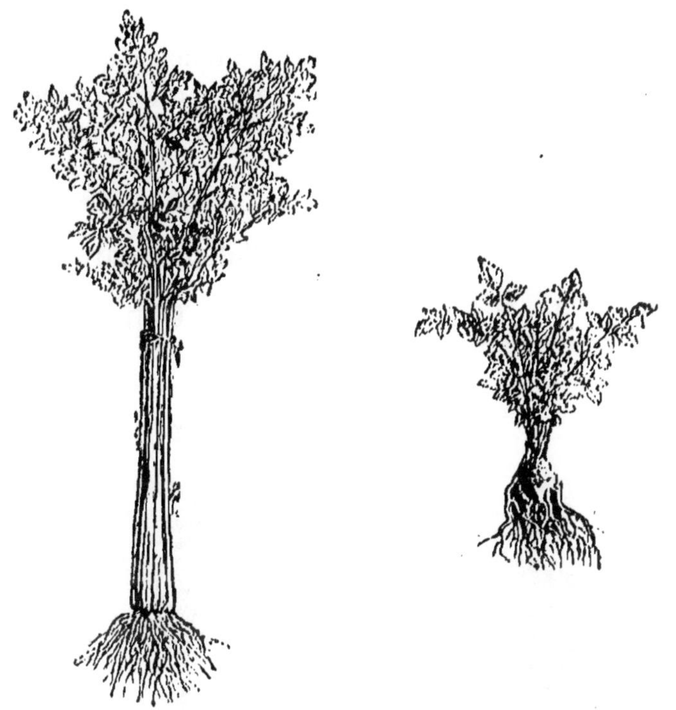

Fig. 120. — Céleri long ou ordinaire.   Fig. 121. — Céleri-rave.

mestibles; mais par sa variété ordinaire ou *Céleri long* il fait partie des *plantes potagères à feuilles comestibles*.

Quand les feuilles du *Céleri* ordinaire sont déjà longues, on ramène de la terre au pied : cela s'appelle *butter le Céleri*.

Cette plante a besoin de plusieurs *buttages* dans le cours de sa végétation.

La variété à talon n'a pas besoin d'être buttée, car la souche se trouve entièrement dans la terre.

On amoncelle la terre autour des pieds de Céleri pour priver la plante de la lumière du soleil.

La partie ainsi privée de lumière perd sa couleur verte et blanchit. Elle devient plus tendre et perd un peu de sa saveur amère.

C'est également pour les faire blanchir qu'on lie les pieds de Salade, ou qu'on les couvre d'une planche.

Les plantes qui blanchissent par le manque de lumière sont dites *étiolées*.

Navet, Betterave, Radis, Salsifis, Carotte.

79. — Le *Navet*, et la *Betterave* dont les variétés

Fig. 122. — Navet.

Fig. 123, 124.

A, Radis rouge ; — B, Radis hâtif.

principales sont la jaune et la rouge, n'ont pas besoin de soins particuliers. Il suffit de les semer à la volée et de les laisser croître.

Si cependant les mauvaises herbes les envahissent, il est bon de les *sarcler* et même de les *biner*.

Le **Radis**, dont on mange aussi la racine ou plutôt la *souche*, se sème au printemps, dans un sol riche en terreau.

On peut faire des semis tous les quinze jours pour en

FIG. 125. — Salsifis.   FIG. 126. — Carotte.

avoir toujours de bons à manger. Il ne faut pas craindre de les arroser beaucoup.

Le **Salsifis** et les **Carottes** n'ont pas besoin non plus de soins particuliers.

Les Betteraves et les Carottes sont encore l'objet d'une culture importante comme plantes fourragères.

De plus, les Betteraves sont employées à la fabrication du sucre, comme nous le verrons plus loin.

4° PLANTES POTAGÈRES A FEUILLES OU A TIGES COMESTIBLES

80. — Parmi les plantes à feuilles ou à tiges comes-

Fig. 127, 128. — Sommité fleurie de Chicorée avec une feuille. A gauche, une fleur isolée.

Fig. 129. — Laitue pommée de Naples.

tibles se trouvent les *Choux*, l'*Oseille*, la *Mâche* ou *Doucette*, la *Chicorée*, la *Laitue*, la *Scarole*, les *Épinards*, le *Pourpier* et le *Cresson*.

Les variétés de Choux sont assez nombreuses; mais les plus répandues sont le *Chou frisé* dit de *Milan*, le *Chou de Bruxelles*, le *Chou vert*, le *Chou cabus* et le *Chou-fleur*.

Plantes à salade.

81. — Un certain nombre de plantes se mangent en salade. Nous pouvons citer en première ligne la *Chicorée*, la *Scarole* et la *Laitue*. On peut s'arranger de

Fig. 130, 131. — Cresson
(deux variétés).

Fig. 132. — Épinard.

manière à en avoir de bonne à manger en toute saison.

La *Mâche* ou *Doucette*, appelée bien souvent *Oreille-de-lièvre*, se sème en septembre et en octobre, et quelquefois beaucoup plus tôt.

On la mange en salade en automne, en hiver et au printemps. Cette plante ne réclame aucun soin, mais à la vérité elle rapporte peu. Elle passe pour être saine.

A côté de la Mâche, nous pouvons citer le *Cresson*, que vous n'avez peut-être jamais vu cultiver.

On le cultive cependant, mais d'une manière toute spéciale. Cette plante croît dans l'eau, où elle vient sans le secours de l'homme; mais, à proximité des grandes villes, on la soigne dans de larges fossés pleins d'eau. Ces fossés prennent alors le nom de *cressonnières*.

Le *Cresson* se mange encore sans être assaisonné et passe pour être très sain.

Oseille et Épinard.

82. — L'*Oseille* est une plante à *racines vivaces*, dont les feuilles, à saveur *acide* et *piquante*, sont comestibles. Elle est facile à cultiver. On la sème en *carrés*, ou en *bordures*, autour des planches du *potager*, où l'on conserve les touffes indéfiniment.

L'*Épinard* (fig. 132), dont les feuilles remplacent souvent celles de l'Oseille, est également d'une culture facile.

L'Asperge.

83. — Nous citerons encore, pour terminer cette

Fig. 133. — Jeune pousse d'Asperge appelée *turion*. C'est la partie que l'on mange.

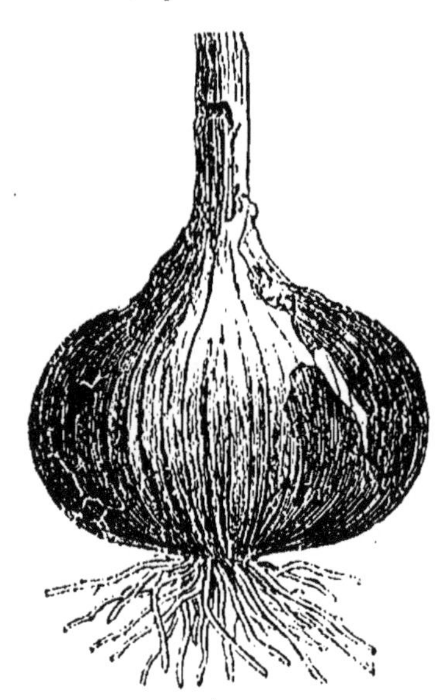

Fig. 134. — Oignon (voy. § 84).

liste, l'*Asperge*, dont on récolte les jeunes pousses, nommées *turions*, aussitôt qu'elles sortent de terre, en les coupant au-dessous de la surface du sol.

Les Asperges sont rafraîchissantes, mais elles perdent une partie de leur qualité par l'assaisonnement.

L'eau dans laquelle elles ont cuit donne un potage excellent.

5° PLANTES EMPLOYÉES A L'ASSAISONNEMENT

84. — Les plantes employées comme assaisonnement, c'est-à-dire pour donner du goût à d'autres aliments, sont assez nombreuses. Nous citerons seulement

Fig. 135. — Cerfeuil.

Fig. 136. — Petite Ciguë.

les plus communes, celles qui se trouvent dans tous les *potagers*, comme le *Persil* et le *Cerfeuil*, l'*Estragon*, l'*Ail*, le *Poireau*, la *Ciboule*, l'*Oignon*, l'*Échalote* et l'*Hysope*.

L'Hysope n'exige aucun soin.

Le Persil et le Cerfeuil sont également faciles à cultiver. Ils prospèrent partout, mais il faut bien se garder de les confondre avec la *Petite Ciguë*, poison violent, qui leur ressemble beaucoup.

Pour ne pas se tromper, il suffit de froisser les feuilles entre les doigts et de les sentir : le Persil et le Cerfeuil sentent bon, la *Petite Ciguë* sent mauvais.

L'Estragon réclame aussi peu de soins.

Les Oignons sont d'un usage très fréquent dans la cuisine. On en cultive trois variétés : le *blanc*, le *jaune* et le *rouge*.

Questionnaire. — Citez quelques plantes potagères. — Comment peut-on les diviser? — Que savez-vous de l'Artichaut; — de la Tomate; des Pois; — des Fèves; — des Haricots? — Que savez-vous du Melon et des Citrouilles? — Que savez-vous sur chacune des deux variétés de Céleri? — Parlez du Navet; — de la Betterave; — du Radis; — du Salsifis; — de la Carotte. — Quelles sont les plantes potagères dont on mange les feuilles ou les tiges? — Citez les plantes que l'on mange en salade. — Parlez de l'Oseille; — de l'Épinard; — de l'Asperge. — Quelles sont les principales plantes employées à l'assaisonnement? — Comment faire pour ne pas confondre la Petite Ciguë avec le Persil et le Cerfeuil?

Quinzième Leçon.

LE VERGER ET LE JARDIN FRUITIER

85. — Vous savez tous ce qu'on entend par *verger*, n'est-ce pas, mes amis? C'est l'*enclos* où se trouvent les *arbres à fruit* en *plein vent*, c'est-à-dire non taillés.

Il diffère du *jardin fruitier* en ce que les arbres qu'il renferme sont abandonnés à eux-mêmes, tandis que ceux du *jardin fruitier* sont taillés chaque année, et prennent ainsi la forme qu'on veut leur donner.

Les Bourgeons.

86. — Un arbre, vous le savez, mes enfants, se compose de plusieurs parties, dont les deux principales sont la *racine* qui s'enfonce dans la terre, et la *tige* qui s'élève dans l'air et donne naissance à des branches qui se divisent en rameaux.

Chaque branche porte à son extrémité, et sur différentes parties de sa surface, de petits corps qui ont la forme d'un *clou de toupie*.

Ces corps se nomment *bourgeons* et renferment eux-mêmes des rameaux, des feuilles et des fleurs. Les bourgeons apparaissent dans le courant de l'été, mais ne se développent pas aussitôt; ils restent *stationnaires* durant tout l'hiver, et *s'épanouissent* seulement au printemps suivant.

Prenons maintenant un exemple.

Combien distinguez-vous de sortes de bourgeons sur cette branche de Pêcher (fig. 137) ?

Deux seulement, n'est-ce pas?

Les uns sont *grêles* et *pointus;* les autres sont plus gros, plus renflés.

Les *bourgeons* grêles et pointus ne donnent naissance qu'à des rameaux et à des feuilles; on les appelle *bourgeons à bois.*

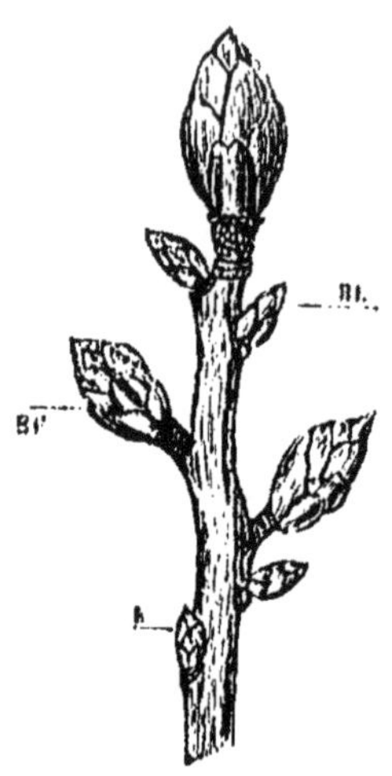

Les *bourgeons* gros et renflés donnent naissance à des fleurs et par suite à des fruits; aussi les nomme-t-on *bourgeons à fleur* ou *à fruit.* On les appelle encore *boutons.*

Quelques-uns de ces derniers renferment à la fois des fleurs et des feuilles; ce sont des *bourgeons mixtes.*

Le *bourgeon* est encore dit *terminal* quand il est placé à l'extrémité du *rameau;* et latéral (du mot latin *latus, lateris,* qui veut dire côté), lorsqu'il est situé sur le côté.

Fig. 137. — Rameau avec bourgeons.

BF, bourgeon à fleur; BL, bourgeon à bois.

La Taille des arbres.

87. — Nous avons dit que les arbres du *jardin fruitier* ne sont pas abandonnés à eux-mêmes, mais qu'ils sont *taillés.*

La *taille* consiste à supprimer l'extrémité des rameaux pour donner aux arbres une forme déterminée, et préparer de bonnes récoltes de fruits.

Un jardinier habile s'applique à provoquer la sortie des *bourgeons à fruit.* Pour procéder d'une manière sûre, il faut une assez longue pratique.

La taille des arbres fruitiers se fait en hiver et au commencement du printemps, et pour la pratiquer on se sert de la *serpette* et du *sécateur*.

Vous connaissez tous la *serpette*, je n'ai donc pas besoin de la décrire. Le *sécateur* est composé de deux branches, croisées comme celles des ciseaux, et terminées chacune par une lame courbe.

On coupe aussi quelquefois avec les ongles l'extrémité des jeunes pousses de l'année.

Cette opération se nomme le *pincement*. On le pratique pour empêcher le rameau de s'allonger, et pour forcer la sève à s'accumuler dans la partie conservée et lui donner plus de force.

Le *pincement* est un mode de *taille* que l'on pratique sur les jeunes pousses de l'année; il consiste à enlever le *bourgeon terminal* du rameau.

Il y a encore d'autres opérations voisines de la *taille*, qui sont l'*ébourgeonnement*, l'*émondage*, l'*élagage* et le *recepage*.

L'*ébourgeonnement* consiste à retrancher certains *bourgeons* mal placés pour donner à l'arbre une forme convenable, ou encore pour que la sève se porte sur certaines parties de préférence à d'autres.

L'*émondage* consiste à enlever les branches mortes.

Il peut aussi se faire que l'on coupe des branches qui ne soient pas mortes. C'est ce que l'on appelle *élagage*.

Il y a aussi une opération qui consiste à couper une tige près du sol, c'est le *recepage*.

On recèpe une plante pour lui faire pousser des jets plus forts, afin d'en tirer plus de fruits dans la suite.

Le Fruitier. — Conservation des fruits.

88. — Il est très agréable pour tout le monde et souvent même fort utile pour des malades d'avoir encore des fruits dans la saison où les arbres n'en donnent plus. Aussi est-il bon d'en conserver le plus longtemps possible.

Les *fruits à noyau* se gardent mal. La pêche se gâte au bout d'une semaine ou deux. Les autres ne peuvent se garder, sans se pourrir, que quelques jours.

Parmi les *fruits à pépins*, ce sont les pommes et les poires qui peuvent se conserver le plus facilement et le plus longtemps. Il faut avoir soin de les cueillir quand elles sont bien mûres, mais sans attendre que la maturité soit trop complète.

On peut garder des fruits très longtemps dans un *cellier* pourvu qu'il ne soit pas humide.

Un *cellier*, une chambre un peu sombre, une cave saine, voilà les pièces qui peuvent servir de *fruitier*, nom que l'on donne indifféremment au bâtiment et au meuble dans lesquels on conserve les fruits.

Après avoir laissé ceux-ci sur un plancher pendant trois ou quatre jours, pour qu'ils perdent une partie de leur eau, on les pose sur des tablettes fixées au mur ou établies sur des montants.

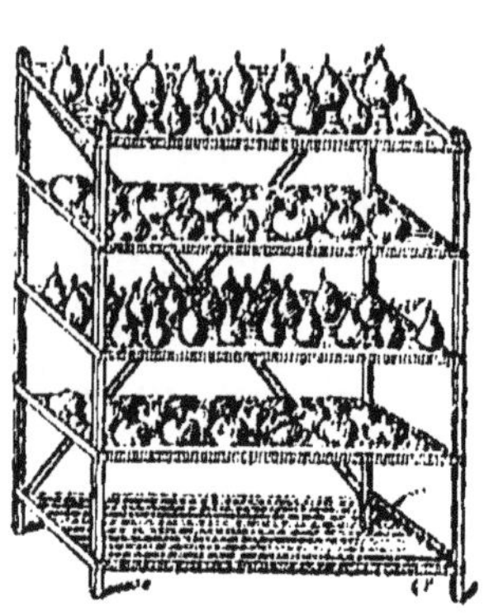

Fig. 138. — Fruitier-meuble en bois.

On doit exercer une surveillance attentive sur les tablettes : car un fruit pourri peut faire gâter tous ceux qui sont près de lui. Il est bon d'éviter qu'ils ne se touchent.

On fabrique aujourd'hui des *fruitiers-meubles*, dont les tablettes sont un treillage composé de baguettes parallèles maintenues par des traverses. Ils ont l'avantage d'être légers et portatifs.

Rien n'est plus facile à établir.

Conservation du raisin.

89. — Le raisin peut se conserver assez longtemps sur la treille même. Pour cela, on le recouvre soit avec des *toiles*, soit avec des *paillassons*.

Il se garde encore bien sur les tablettes du fruitier, posé sur de la fougère sèche, ou bien encore suspendu à des clous au plancher du grenier.

La Greffe.

90. — A présent, mes amis, nous allons dire un mot de la *greffe*, opération qui consiste à implanter et à faire croître une partie d'un végétal sur un autre végétal.

Le rameau que l'on *implante* doit porter quelques bourgeons, deux par exemple. On se contente quelquefois d'un seul bourgeon adhérent à un lambeau d'*écorce*.

Le rameau auquel on donne ainsi comme une nouvelle *mère-nourrice* porte le nom de *greffon*, et la plante qui le reçoit se nomme *sujet*. Le *greffon* et le *sujet* doivent appartenir à la même espèce ou à deux espèces voisines.

Dans les *arbres fruitiers*, le sujet est le plus souvent un *sauvageon*, c'est-à-dire un jeune arbre venu de graine.

La *greffe* a pour but de conserver et de propager rapidement les *bons fruits* et les *belles variétés de fleurs*. Elle sert aussi à faire produire de bons fruits à un végétal qui n'en produisait que de mauvais, et de belles

Fig. 139. — Greffe en fente.

Fig. 140. — Greffe en écusson.

fleurs à une plante qui n'en donnait que de communes.

Il existe plusieurs sortes de *greffes*, dont les principales sont :

La *greffe en fente* (fig. 139) ;

La *greffe en couronne* ;

La *greffe en écusson* (fig. 140) ;

La *greffe par approche*.

Seizième Leçon.

LES PLANTES FOURRAGÈRES OU PLANTES ALIMENTAIRES POUR LES ANIMAUX

91. — Après les plantes qui nourrissent l'homme, il est tout naturel que nous nous occupions de celles qui nourrissent les animaux de la ferme.

Dans la *prairie*, nous voyons une foule de plantes qu'on appelle des *herbes*. Les unes poussent librement, sans qu'on ait besoin de s'en occuper : on les dit *spontanées*. D'autres doivent être semées comme le Blé; tels sont la *Luzerne*, le *Trèfle*, le *Sainfoin*, etc.

Toutes ces plantes sont appelées *plantes fourragères*.

Si le cultivateur en fait consommer une partie sur place, à l'état *vert*, cela s'appelle faire *pâturer*. Les herbes qui ne sont pas consommées de cette manière sont fauchées en mai et en juin pour être séchées. Une fois sèches, elles constituent le foin, que l'on distribue aux animaux de la ferme, surtout en hiver, alors que le mauvais temps empêche de mener paître, dans la plaine ou sur la montagne, ces précieux auxiliaires de l'homme.

Nous pouvons considérer comme plantes fourragères la *Betterave* et la *Carotte*, cultivées pour leurs racines et dont les animaux sont très friands, et même la Pomme de terre.

Chacune des plantes fourragères a ses propriétés bienfaisantes, et leur mélange, bien étudié et bien entendu, constitue une nourriture excellente pour le bétail.

LES PLANTES TEXTILES

Le Chanvre, le Lin, les Tissus.

92. — Vous savez déjà, mes enfants, que l'on fabrique des tissus avec des matières animales, telles

Fig. 141. — Chanvre
(pied mâle).

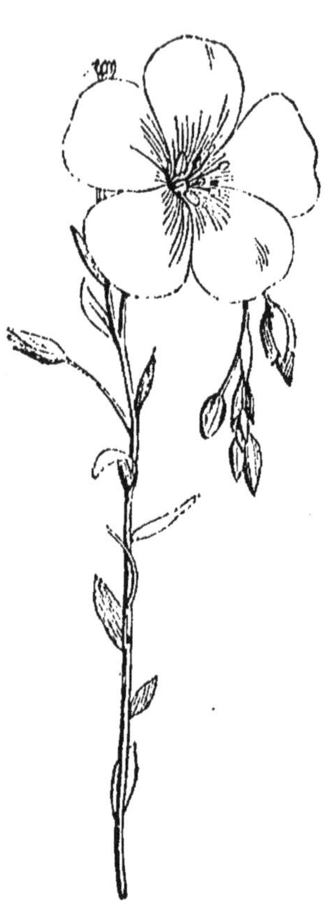

Fig. 142. — Lin. Sommité
avec une fleur ouverte.

que la laine des moutons et la soie de la chenille appelée *ver à soie;* mais on en fabrique aussi avec des matières végétales.

Les plantes qu'on emploie à la confection des tissus,

et en tête desquelles il convient de citer le *Chanvre*
et le *Lin*, sont appelées *plantes textiles*.

Le *Chanvre* et le *Lin* sont pour ainsi dire les deux
seules espèces cultivées en France dans ce but. Ils
sont alors cueillis avant la complète maturité de leurs
graines. Dans certains pays on arrache leurs tiges; dans
d'autres on les coupe près de terre.

Ces tiges sont ensuite mises dans l'eau où on les
laisse séjourner une huitaine de jours : c'est le *rouissage*. Ce séjour dans l'eau permet à la filasse de se
séparer facilement du bois. L'opération du rouissage
étant terminée, on fait sécher la plante au soleil, puis
on la *broie*.

Le *broyage* consiste à écraser la tige au moyen d'un
instrument nommé *broie* pour en détacher l'écorce
sous la forme de longs filaments : ces longs filaments
constituent la filasse. Celle-ci est ensuite *peignée*, puis
filée, c'est-à-dire transformée en *fil*, soit au fuseau,
soit au rouet.

Le filage au fuseau est lent, mais il donne un bon
résultat. On ne le pratique plus que dans certaines
campagnes où le travail des femmes est peu rétribué.

Le *tisserand* convertit les fils en toile, en les croisant
d'une manière régulière.

La toile de *Lin* est généralement plus fine que celle
de *Chanvre*.

Le Chanvre et le Lin sont, avons-nous dit, à peu près
les deux seules plantes textiles cultivées dans notre
pays. Il existe pourtant d'autres plantes textiles, en
tête desquelles on peut citer l'*Ortie*, bien connue de
vous à cause de ses douloureuses piqûres. L'Ortie (1),

(1) Pour plus de détails sur l'*Ortie*, voir notre brochure et
nos deux volumes sur cette précieuse plante.

qu'on cultive très peu, qu'on a même trop souvent le tort de détruire, donne des fils très fins et de bonne qualité.

Une autre espèce d'Ortie, originaire de la Chine et connue sous le nom de *Ramie*, tend à se répandre depuis quelques années dans nos contrées. Sa filasse paraît avoir une certaine valeur industrielle.

Fig. 143.   Ortie dioïque ou Ortie commune.

Enfin, mes amis, il existe encore une matière végétale des plus importantes et des plus connues qui fournit un tissu très fin : c'est le *coton*, produit du *Cotonnier* (fig. 144), petit arbre qu'on cultive en Asie et en Amérique.

Le coton est une espèce de duvet qui enveloppe les graines du Cotonnier. Ces graines sont renfermées dans une sorte de coque, qui est le fruit. Quand les fruits sont mûrs, ils s'ouvrent d'eux-mêmes et laissent échapper, sous forme de *flocons* d'une éclatante blancheur, le duvet précieux, qui est ensuite transformé en fil, puis en tissus de toutes sortes, dentelles, mousselines, etc.

La Betterave, le Sucre.

93. — Nous avons déjà cité la *Betterave* comme plante alimentaire et fourragère; mais ce n'est pas son seul emploi, elle sert aussi à fabriquer du sucre, nous l'avons dit dans une leçon précédente. Voici comment on s'y prend pour fabriquer du sucre.

Les Betteraves, bien nettoyées, sont râpées et réduites en une sorte de *pulpe*, que l'on presse dans des sacs de toile pour en extraire le *jus*. Soumis d'abord à la cuisson, ce jus de Betterave est ensuite filtré, concentré, clarifié ; enfin on le laisse couler dans des moules d'une forme que vous connaissez bien, celle d'un *pain de sucre*.

Fig. 114. — Cotonnier avec boutons, fleurs et fruits, et duvet visible hors du fruit.

On soumet aussi quelquefois le jus de Betterave à la fermentation qui transforme le sucre en alcool, lequel peut être isolé par la distillation.

Canne à sucre.

94. — On fabrique également du sucre avec le jus d'un grand roseau cultivé dans les pays chauds et

appelé *Canne à sucre*. Des ouvriers coupent les tiges près de terre, comme nos moissonneurs coupent les céréales, et les mettent en bottes ou paquets.

Ces tiges sont ensuite broyées à l'aide d'un moulin

Fig. 145. — Canne à sucre.

pour en exprimer le jus sucré, que l'on travaille comme le jus de la Betterave. Un champ de Cannes à sucre prend le nom de *plantation* et le propriétaire s'appelle *planteur*.

Beaucoup d'autres végétaux, tels que la Citrouille,

le Maïs, la Carotte, le Navet, la Pomme de terre, etc., renferment aussi du sucre.

Le sucre est un aliment tonique et fortifiant. Vous connaissez tous sa saveur particulière; vous savez qu'il adoucit les aliments auxquels on l'ajoute.

Les Plantes médicinales et les Plantes dangereuses.

95. — Vous devez vous rappeler, mes enfants, com-

Fig. 146. — Sommité de Petite Centaurée.

Fig. 147, 148, 149, 150. — Guimauve. A gauche, racine.

ment nous avons divisé les plantes dans une leçon précédente.

Les unes sont *médicinales*, avons-nous dit.

Mais il ne faut pas ignorer que les plantes médicinales peuvent se diviser en deux catégories : les *plantes médicinales* NON VÉNÉNEUSES et les *plantes médicinales* VÉNÉNEUSES ; ces dernières sont dangereuses, puisqu'elles contiennent du *poison*.

Fig. 151. — Jusquiame.

Dans la première catégorie se trouvent la *Mauve*, la *Sauge*, la *Valériane*, la *Guimauve*, le *Sureau*, le *Tilleul*, le *Lierre terrestre*, la *Petite Centaurée*, etc.; toutes ces espèces de plantes médicinales peuvent être employées sans aucun danger. La plupart d'entre elles, vous le savez, servent à faire des tisanes bienfaisantes pour combattre telle ou telle maladie ou de simples indispositions.

Dans la seconde catégorie, qui embrasse les plantes médicinales vénéneuses, on trouve : la *Jusquiame*, la *Petite Ciguë*, la *Grande Ciguë* (fig. 161), l'*Aconit*, la *Digitale* (fig. 159), la *Belladone* (fig. 160) et bien d'autres encore.

Les fruits de la Belladone ont déjà causé plus d'un grave accident; cela provient de leur couleur rouge qui les a fait confondre avec certaines cerises.

En deux fois, près de trois cents personnes ont été empoisonnées par le fruit de la Belladone. Aussi gardez-vous bien de manger des fruits que vous ne connaissez pas.

D'ailleurs, il est bien facile de ne pas se tromper sur

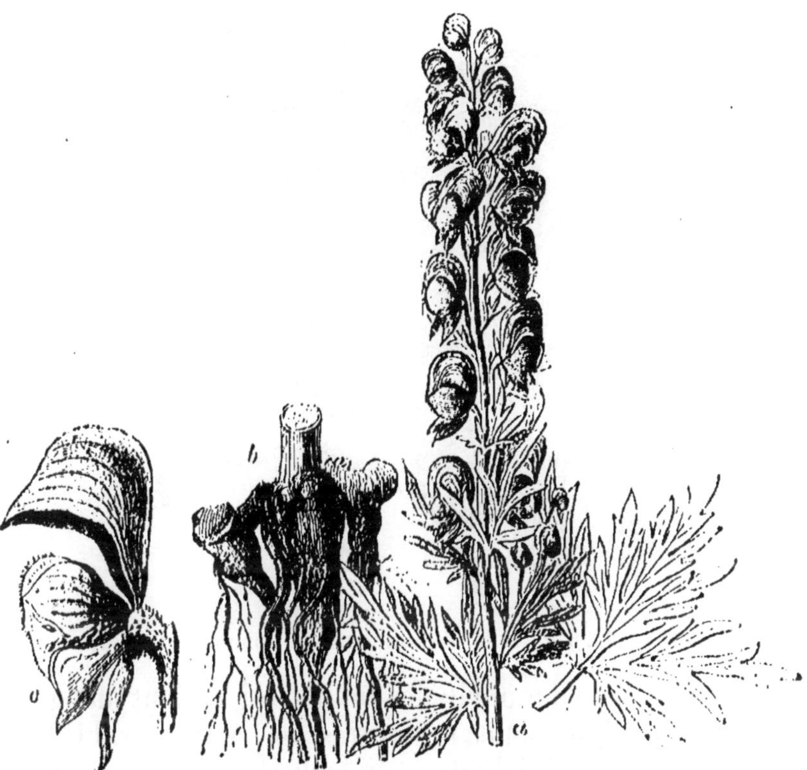

Fig. 152, 153, 154. — Aconit tue-chien.
a, sommité fleurie; — *b*, rachues; — *c*, une fleur isolée.

la Belladone, plante tout à fait basse, dont la taille ne dépasse pas un mètre et qui, d'ailleurs, ne ressemble en rien au Cerisier, dont la taille est élevée.

Citons aussi, parmi les espèces dangereuses, la *Stramoine* ou *Pomme épineuse*, dont les fruits sont couverts

de piquants comme la châtaigne. Enfin, la *Petite Ciguë*
fait aussi quelquefois des victimes, à cause de sa ressemblance avec le Persil et le Cerfeuil, plantes aroma-
tiques que l'on emploie pour relever le goût de nos

Fig. 155, 156, 157, 158. — Stramoine ou Pomme épineuse.

aliments. On a vu mourir des lapins qui avaient mangé
de la Petite Ciguë mêlée à d'autres herbes (voy. p. 113).

Les plantes médicinales vénéneuses ne doivent pas
être administrées sans l'ordre du médecin. Malgré
leurs propriétés malfaisantes, il faut cependant les
employer quelquefois, car il est des cas particuliers
où certaines maladies exigent l'emploi de telle ou telle
plante contenant du poison. Alors le médecin est seul
apte à juger et à dire dans quelle mesure doit être
administrée la plante médicinale vénéneuse.

PLANTES OLÉIFÈRES

96. — On appelle *plantes oléifères* celles qui don-

Fig. 159. — Digitale pourpre.

Fig. 160. — Belladone.

nent de l'huile en assez grande quantité pour en être extraite avec profit.

Les principales sont l'*Olivier*, le *Noyer*, le *Noisetier* ou *Coudrier*, le *Hêtre*, grand arbre de nos forêts, dont le fruit se nomme faîne, le *Pavot* dit *Œillette*, le *Chou colza*, la *Caméline*, etc.

L'huile se trouve principalement dans le fruit, la graine, l'amande.

Olivier.

97. — L'*Olivier*, originaire de l'Asie, est un petit arbre toujours vert, dont les fruits fournissent l'huile

Fig. 161. — Grande Ciguë.   Fig. 162, 163, 164, 165. — Olivier.

la plus estimée. Ces fruits, nommés *olives*, sont aussi employés en cuisine et sont même fort estimés. Ils ont un goût *acerbe* que l'on corrige en les mettant confire dans la saumure; mais ils sont toujours d'une digestion difficile.

L'Olivier demande une température assez douce et assez constante, se plaît sur les coteaux voisins de la mer et exposés au Midi; il affectionne tout particulièrement les bords de la Méditerranée. Sa culture est des plus faciles, car il suffit de l'abriter contre le vent du nord pour qu'il prospère.

Les olives doivent être cueillies à la main. La cueillette se fait au mois de juillet pour les olives de table, et beaucoup plus tard pour celles qui sont destinées à faire de l'huile. Il ne faut cependant pas attendre la complète maturité du fruit.

Le Pavot.

98. — Le *Pavot*, dont la graine est employée à faire de l'huile, est une belle plante d'ornement qui prospère assez bien partout. On l'appelle aussi *Œillette*.

Ses fruits nommés capsules sont très gros, mais ils ont à peu près la forme de ceux du Pavot coquelicot, dont les fleurs rouges décorent si bien nos moissons.

Ce Pavot est cultivé en grand dans l'Inde anglaise non pour son huile, mais pour son *opium*, matière éminemment dangereuse

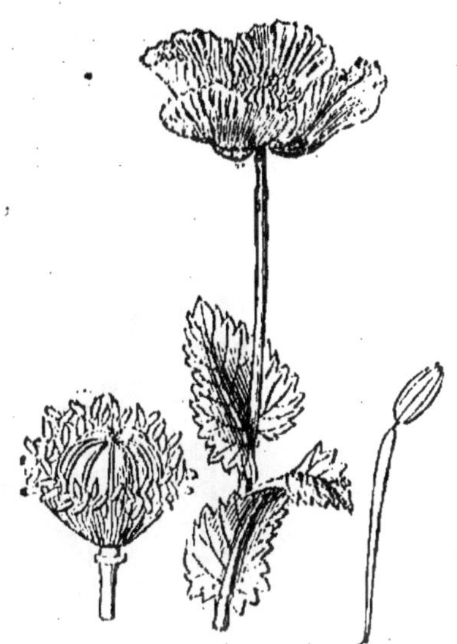

Fig. 166, 167, 168. — Pavot dit Œillette.

pour ceux qui en consomment, car c'est un poison violent.

Pour récolter l'opium, il suffit, quand la capsule est encore verte, mais entièrement développée, d'y pratiquer de légères incisions horizontales. Cette matière en découle sous la forme d'un suc laiteux qui se solidifie peu à peu.

Les Chinois fument l'opium comme les Français fument le tabac.

Les graines de cette plante ne renferment point d'opium et l'huile qui en provient n'est nullement dangereuse.

Extraction de l'huile.

99. — Pour retirer l'*huile* des végétaux, il suffit

Fig. 169.   Meules pour extraire l'huile des végétaux.

d'écraser les fruits ou les graines qui la renferment, et de les presser.

L'huile extraite, il reste un résidu solide nommé *tourteau*, qui est une excellente nourriture pour les animaux domestiques et un très bon engrais pour les terres.

Les huiles peuvent être divisées en deux catégories : les *huiles à manger* et les *huiles à brûler*.

On les emploie aussi dans la peinture et pour la fabrication du savon.

Celles qui ont la propriété de sécher rapidement sont qualifiées de *siccatives*.

Presque toutes les huiles peuvent être mangées quand elles ont été préparées d'une manière convenable.

Plantes tannantes.

100. — Les plantes tannantes sont celles qui renferment du *tanin*, principe qui a la propriété de transformer en *cuir* la peau des animaux morts, et par suite de l'empêcher de pourrir, de se décomposer. Nous l'avons déjà dit.

L'écorce est la partie de la plante la plus riche en tanin.

Les principales *plantes tannantes* sont le *Chêne*, le *Châtaignier*, le *Sumac des corroyeurs*.

Au printemps, alors que l'écorce se détache facilement du bois, on enlève celle des branches que l'on veut couper, soit pour les brûler, soit pour les travailler. On laisse ensuite sécher cette écorce en attendant qu'elle soit employée.

Avant d'être utilisée, on la pulvérise pour en mieux extraire le tanin. Cette écorce ainsi pulvérisée se nomme *tan*. Après avoir cédé tout son principe actif, le tan sert encore à faire des couches pour les serres et des mottes pour le chauffage.

Dix-septième Leçon.

CE QUE LES ARBRES NOUS DONNENT

101. —— Une *forêt*, vous le savez tous, n'est-ce pas, mes amis, est un vaste terrain planté d'arbres.

Ces arbres nous donnent du *bois d'ouvrage* et *de chauffage*, c'est-à-dire du bois qu'on façonne et du bois qu'on brûle. Nous pouvons citer en première ligne le *Chêne*, appelé le *roi des forêts;* son bois, qui est très dur, sert à faire les parquets, la charpente de nos maisons, ainsi que des meubles d'une grande solidité.

Le *Sapin*, moins dur que le Chêne, qu'il remplace souvent, est cependant assez durable; il est parfois employé pour établir des parquets, qui se lavent aisément, mais qui s'usent vite.

A côté des arbres forestiers proprement dits nous pouvons ranger le *Peuplier* ou *bois blanc*, qui est d'une grande utilité pour la menuiserie légère; le *Saule*, qui croît dans les endroits frais et humides, sur le bord des eaux; puis l'*Orme*, le *Hêtre*, le *Cerisier* et le *Noyer*, qui trouvent aussi leur emploi. L'Orme et le Hêtre sont très estimés pour le charronnage; le Cerisier, et surtout le Noyer, rendent de grands services à l'ébénisterie, qui les transforme en bons et solides meubles.

Rappelez-vous, mes enfants, que d'une manière ou de l'autre tous les arbres sont utiles.

Le bois de la forêt nous donne aussi le charbon de bois dont nous parlerons plus tard.

Nous allons consacrer un mot à chacun des principaux arbres.

Des bois.

102. — Les bois de travail fournis par les différents arbres ou arbustes peuvent être répartis en un certain nombre de catégories dont les principales sont :

1° Les *bois durs*, comme le Chêne, le Châtaignier, l'Orme, le Noyer, le Hêtre, le Frêne, le Robinier faux-acacia ;

2° Les *bois résineux*, comme le Pin, le Sapin, le Mélèze, le Cèdre, l'If, le Cyprès ;

3° Les *bois blancs*, comme le Peuplier, le Saule, le Bouleau, l'Érable, le Tilleul, le Platane, l'Acacia, le Laurier, le Marronnier d'Inde ;

4° Les *bois fins*, qui sont presque tous des bois durs, comme le Merisier ou Cerisier, le Sorbier, le Poirier, le Pommier, le Néflier, l'Alisier, le Prunier, le Buis, le Cornouiller.

On donne le nom de *bois exotiques* ou *bois des îles* à certains bois fins que nous tirons des autres parties du monde, et qui sont employés dans l'ébénisterie, c'est-à-dire dans la confection des meubles ; ce sont l'Acajou, l'Ébène, le Gayac, le Palissandre, le Thuya.

BOIS DURS. — Le Chêne.

103. — Le *Chêne*, justement appelé le *roi des forêts*, est le plus imposant, le plus beau et peut-être le plus utile de tous les arbres indigènes de l'Europe. Il enfonce dans la terre ses puissantes racines ; puis, élevant au-dessus du sol sa tête majestueuse, il étale au loin ses longs bras auxquels on donne le nom de branches. Il vit des siècles durant et ne demande aucun soin. Son âge est indiqué par le nombre des cercles que l'on aperçoit sur une coupe transversale (fig. 174).

Son fruit, appelé *gland*, est recherché de certains animaux.

Quelques Chênes restent toujours verts et donnent des glands savoureux ; d'autres fournissent à l'homme

FIG. 170. — Chêne.

FIG. 171. — Rondelle de Chêne montrant les couches de bois qui indiquent l'âge de l'arbre.

des produits divers, tels que le liège, le kermès, la noix de galle.

Presque tous ont un bois fort estimé, et tous renferment un excellent tanin.

Le Chêne à grappes, l'un des plus beaux ornements de nos forêts de France, est le plus estimé pour la charpente, la menuiserie et le charronnage.

Son bois, compact et résistant, est d'autant plus propre aux constructions navales, qu'il durcit sous l'eau et s'y conserve des siècles durant, en prenant une couleur foncée rappelant un peu la couleur de l'ébène.

Le *Chêne-liège* est ainsi nommé parce que son écorce est en grande partie composée de liège.

Tous les huit ou dix ans, par des incisions convenablement pratiquées, on lève cette écorce en grandes plaques, que l'on façonne ensuite en bouchons, semelles, appareils de flottage, etc. Son gland passe pour être le meilleur pour les animaux.

En France, on exploite le Chêne-liège dans le Midi,

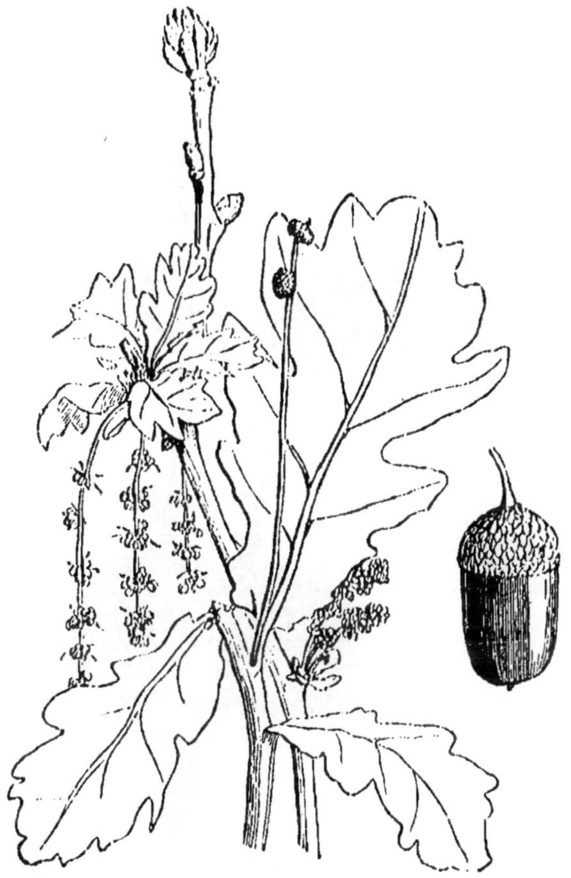

notamment dans les départements des Pyrénées-Orientales, de Lot-et-Garonne et du Var. Notre belle colonie d'Algérie et la Corse, de même que la Sardaigne et l'Espagne, produisent aussi beaucoup de liège.

Châtaignier.

104. — Le *Châtaignier* se place après le Chêne parmi nos richesses forestières, mais il lui est préféré comme arbre d'ornement. En effet, sa stature est élevée,

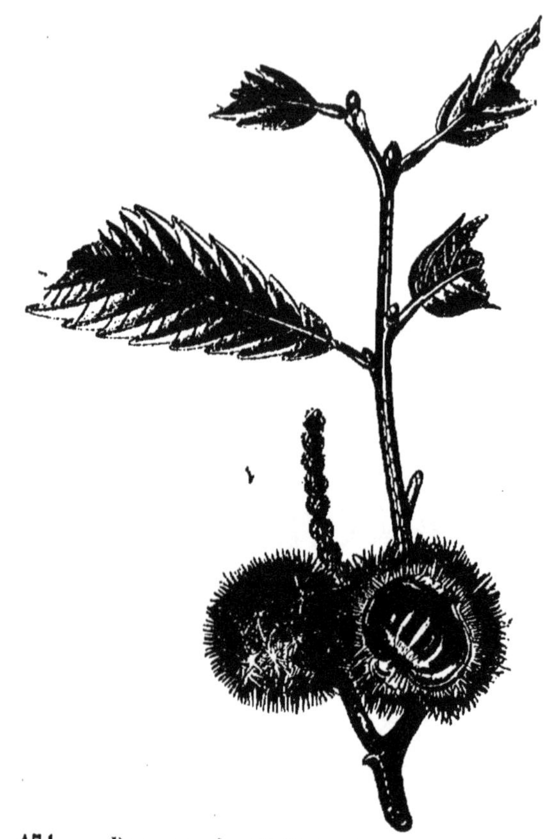

FIG. 174. — Rameau de Châtaignier avec deux fruits et un chaton mâle.

sa forme agréable, et son beau feuillage généralement respecté des insectes.

Il est regrettable qu'il ne soit pas plus répandu en France, car son fruit, la châtaigne, est nutritif, et son bois surtout très utile.

La *châtaigne* est renfermée dans une capsule plus ou moins ronde, hérissée de pointes à l'extérieur. Dépouillée de son enveloppe lisse et luisante, la châtaigne peut être réduite en farine, mais non panifiée. Elle s'oppose même à la panification des céréales quand on essaye de l'y mêler. Il faut donc se résoudre à la consommer seule. Dès la plus haute antiquité, on savait la faire cuire sous la cendre.

Les châtaignes les plus renommées de France, sont celles des Cévennes et du Dauphiné, désignées souvent sous le nom de *marrons de Lyon*, et les châtaignes de Lyon.

Le bois du Châtaignier est dur et peut remplacer le Chêne pour la charpente, quoiqu'il soit cependant moins solide. Il est très propre pour la tonnellerie; car, possédant la propriété de conserver à peu près toujours le même volume, il peut ainsi contenir toutes sortes de liqueurs, qu'il laisse bien moins évaporer que ne le font les autres bois.

Le Châtaignier tend à disparaître du sol français. Il paraît qu'autrefois une partie de la Champagne était couverte de cet arbre précieux.

BOIS RÉSINEUX. — Le Pin et le Sapin.

105. — En tête des *bois résineux* se placent tout naturellement le *Pin* et le *Sapin*. Ces deux arbres s'élèvent comme d'élégantes pyramides au feuillage toujours vert, et croissent abondamment sur les montagnes du Nord où ils forment d'immenses forêts.

Les Sapins les plus renommés sont ceux de Suède et de Norvège, puis ceux des Vosges.

Le Pin se plaît également en plaine, dans les terrains sablonneux, comme dans notre département des Landes.

On le compte aussi par milliers, aujourd'hui, dans les plaines crayeuses de la Champagne, où il ne vient ni assez gros ni assez haut pour être travaillé. Il est alors employé comme combustible pour la boulangerie.

FIG. 175, 176, 177. — Rameau du Pin sylvestre. — *a*, cône avant la maturité ; — *b*, après la maturité.

Le bois du Pin et du Sapin est assez tendre et très durable ; il se nettoie facilement, mais s'use vite lorsqu'il est souvent frotté, nous l'avons déjà dit.

Il se conserve longtemps dans la terre et dans l'eau, ce qui le rend très propre aux constructions navales, où le Pin sert plus particulièrement pour la mâture et le Sapin pour le corps du bâtiment.

Les pilotis des digues de la Hollande destinés à maintenir les eaux de la mer du Nord sont en Sapin.

Les arbres à bois résineux, et surtout le Pin, fournissent divers produits, comme la résine, la térébenthine, la colophane, le goudron, etc.

Pour récolter la résine, on fait à l'arbre des incisions d'où suinte la matière que l'on recueille dans des vases.

Le Noyer.

106. — Bien que le *Noyer* fournisse un bois moins fin que le Thuya, le Palissandre, l'Ébène et

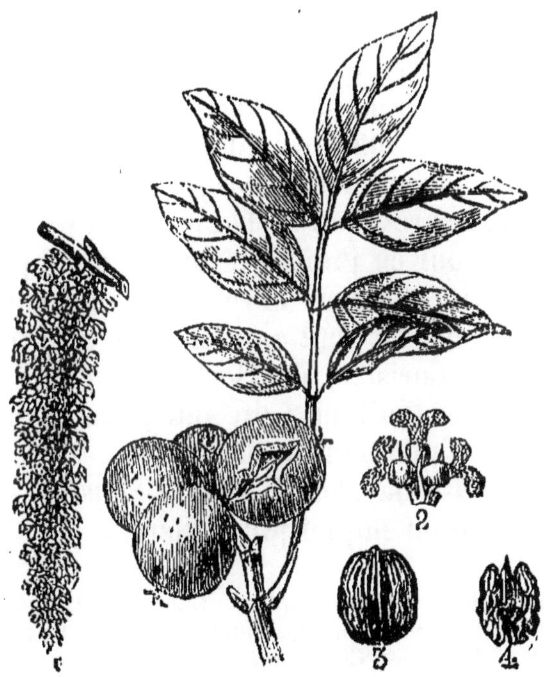

Fig. 178, 179, 180, 181, 182. — Noyer.

l'Acajou, il peut cependant prendre rang parmi les *bois fins*.

Originaire de la Perse, le Noyer est un bel arbre, au port majestueux, à la tête touffue et au superbe feuillage.

Tout est utile dans ce colosse persan : son bois, son fruit, ses feuilles. Son bois sert à la confection des meubles les plus divers, des sabots, des crosses de fusil; ses feuilles sont employées en médecine; son fruit, dont l'amande est comestible et sert à faire de l'huile, trouve également son emploi. Le *brou*, cette *coque verte*, comme a dit le fabuliste dans sa fable : *la Guenon, le Singe et la Noix*, sert à faire de la liqueur et de la teinture.

Son bois est doux, solide, liant et flexible; la couleur, quoique peu brillante, en est cependant bien belle. Il se polit très bien et est d'un effet fort agréable. C'est de tous nos bois indigènes le plus estimé pour l'ébénisterie. Il est employé en *massif*, c'est-à-dire en épaisseur de planche, et en *placage*.

Disons avec regret que ce bel arbre si utile tend à disparaître de jour en jour, car on le coupe pour son bois si précieux, et on ne le remplace que rarement.

A tous ces bois, on peut ajouter ceux du Pommier, du Poirier, du Cerisier, du Sorbier, du Néflier, de l'Alisier, du Cornouiller, du Buis, du Frêne, du Hêtre et du Robinier faux-acacia.

Rappelons aussi le *Peuplier*, qui, sous le nom de *bois blanc*, est d'un emploi journalier.

Questionnaire. — Qu'appelle-t-on forêt? — Citez les principaux arbres. — Comment avons-nous divisé les bois? — En quoi le Chêne nous est-il utile? — Parlez du Châtaignier. — Que savez-vous des bois résineux? — Dites ce que vous savez du Noyer et des autres bois.

MINÉRAUX ET MÉTAUX

Dix-huitième Leçon.

L'HABITATION ET LES MATÉRIAUX DE CONSTRUCTION

107. — Autrefois, mes enfants, les hommes habitaient des grottes ou cavernes, creusées le plus souvent sur le bord des cours d'eau.

Aujourd'hui, il n'en est plus ainsi, et les hommes rivalisent entre eux à qui bâtira ou fera bâtir la plus belle maison. Ne nous plaignons pas de cela, nous sommes assurément mieux partagés que si nous devions habiter une grotte humide et froide.

Ce n'est pas tout, il faut des matériaux pour construire une maison : c'est ce qu'on appelle des *matériaux de construction*, dont les principaux sont : les *pierres*, les *briques*, le *bois*, le *fer*, la *chaux*, les *tuiles*, les *ardoises*, etc.

Les Pierres.

108. — Les pierres ne se ressemblent pas toutes; on peut les diviser en deux catégories très faciles à distinguer l'une de l'autre.

Ainsi, prenons un morceau de *marbre* et un *caillou*. Versons une goutte de vinaigre sur le marbre. On dirait que le vinaigre bout; il se produit un *bouillonnement* : on appelle cela *faire effervescence*.

Versons maintenant du vinaigre sur l'autre pierre, sur le caillou...

Y a-t-il encore effervescence?

Non, n'est-ce pas?

Alors ces deux pierres sont différentes l'une de l'autre. Maintenant, essayons de rayer le marbre avec la pointe d'un couteau. Nous le pouvons.

Essayons de rayer aussi le caillou.

C'est impossible.

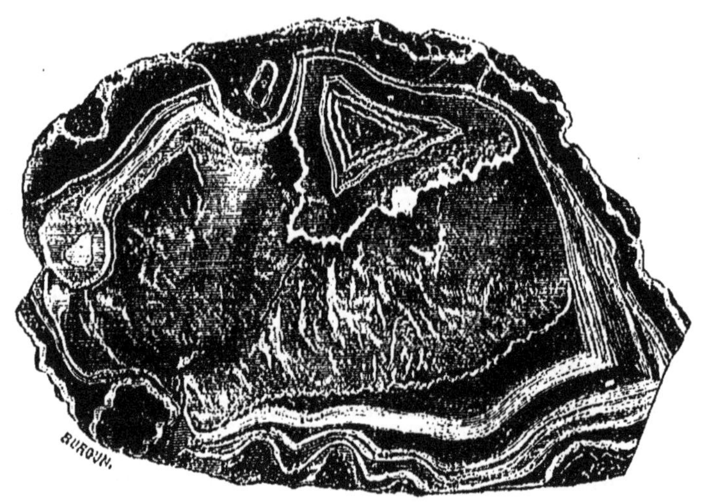

Fig. 183. — Agate taillée, pierre siliceuse.

La pierre qui fait effervescence avec le vinaigre et qui peut être rayée avec la pointe du couteau est CALCAIRE, *l'autre est* SILICEUSE.

Presque toutes les pierres se rangent dans l'une ou dans l'autre de ces deux grandes catégories. Ainsi, la *craie* avec laquelle nous écrivons sur le tableau, la *pierre blanche* à bâtir, le *marbre*, sont des *pierres calcaires*; et le *silex* ou pierre à fusil, le *quartz*, l'*agate*, le *jaspe*, sont des *pierres siliceuses*.

Nos maisons sont en pierre.

109. — Lorsqu'on veut bâtir une maison, il est indispensable de bien choisir les matériaux, surtout les pierres qui entrent dans la construction des murs.

Les pierres siliceuses sont très dures, difficiles à tailler, car elles éclatent sous le choc du marteau; aussi les emploie-t-on rarement, sauf dans les constructions sous l'eau, pour les piles de ponts, par exemple.

Parmi les calcaires il en est de très tendres, comme la craie, dont il vaut mieux ne pas se servir; d'autres sont durs et résistants, et ce sont les plus avantageux, car ils se taillent avec assez de facilité et se détériorent peu. Certains calcaires valent mieux que le silex.

Les pierres se trouvent dans la terre, vous le savez tous.

Des ouvriers *carriers* creusent dans la terre de vastes trous, nommés *carrières*, d'où ils tirent les pierres. Presque partout on en trouve de petites et de grosses : les grosses sont dites *pierres de taille*, parce qu'on les taille pour faire les angles et les façades des maisons; les petites pierres sont des *moellons* dont on fait les murs ordinaires. Quand les blocs de pierre sont énormes, on les débite à l'aide d'une grande scie spéciale, pourvue ou non de dents.

Le Mortier, la Maçonnerie.

110. — En élevant les murs de nos maisons, les *maçons* ne se bornent pas à placer les pierres les unes sur les autres, car ils savent bien qu'un pareil travail ne serait pas durable : ils les joignent entre elles avec du *mortier*.

Pour faire le *mortier*, on dépose sur le sol un tas de sable, que l'on creuse au milieu pour y mettre de la *chaux*, sur laquelle on verse de l'eau. Une fumée s'élève aussitôt comme d'une chaudière d'eau bouillante. La chaux augmente de volume, se fendille, puis finit par former une sorte de *bouillie blanche*.

Si l'on touchait à cette chaux pendant que la fumée se produit, on se brûlerait.

Pourtant il n'y a pas de feu, mais l'eau et la chaux produisent en se combinant une forte chaleur.

Tout à l'heure, avant de verser de l'eau dessus, nous avions de la *chaux vive;* maintenant nous avons de la *chaux éteinte*. De temps en temps on jette de l'eau sur le tout en mélangeant peu à peu, avec une pelle à long manche, la *chaux*, le *sable* et l'*eau*. Ce mélange, bien remué, constitue le mortier, qui servira à joindre les pierres entre elles.

La Chaux, le Four à chaux.

111. — La *chaux* provient d'un calcaire dit *pierre à chaux*, que l'on fait cuire dans un four spécial appelé *four à chaux*.

La craie est de la *pierre à chaux*. J'en mets un morceau dans du vinaigre. Vous voyez ces petits ballons qui s'élèvent et vont crever à la surface du liquide. Si le vinaigre était suffisamment fort, la pierre serait décomposée ; un gaz, l'*acide carbonique*, se dégagerait entièrement, et il ne resterait plus que de la chaux.

Pour obtenir la décomposition de la pierre à chaux, il faut la faire cuire, avons-nous dit.

Par l'action de la chaleur, tout l'acide carbonique du calcaire disparaît, et il reste une matière blanche ou grise qui est la chaux.

Voici comment on procède : on commence par établir une voûte avec les plus gros morceaux de pierre, sur lesquels on jette ensuite les petits, en ayant soin de mettre alternativement une couche de pierre et une couche de houille, jusqu'en haut du four.

Quand le four est rempli de la sorte, on allume le

Fig. 184. — Coupe d'un four à chaux chargé et allumé.

feu au-dessous de la voûte ; la pierre cuit. Lorsqu'elle est cuite, on démolit la voûte, et l'on retire les morceaux de chaux par une ouverture ménagée au bas du four.

La Chaux vive et la Chaux éteinte.

112. — Quand on retire la chaux du four, on a de la *chaux vive*. Mais on ne l'emploie pas ainsi, il faut l'*éteindre*. Pour *éteindre* ou faire *mourir* la chaux, il suffit de lui donner de l'eau ou simplement de l'humidité. C'est ce que font les maçons lorsqu'ils veulent faire du mortier.

Mettons de la chaux vive dans une assiette et versons-y de l'eau peu à peu.

Vous voyez qu'elle augmente de volume, fume et se fendille; mettez la main dans cette fumée et vous sentirez qu'il y fait chaud. Nous avons mis de la chaux vive dans l'assiette, et dans un instant il n'y aura plus que de la *chaux éteinte*, bonne à faire du mortier pour relier les unes aux autres les pierres d'un édifice.

Le Gypse, le Plâtre.

113. — Il nous reste à parler d'une pierre qui ne rentre dans aucune des deux catégories que nous avons établies plus haut, c'est-à-dire qui n'est ni calcaire ni siliceuse. En voici un morceau. Versons dessus une goutte de vinaigre : fait-elle effervescence? Non.

Nous pouvons la rayer avec le couteau et même avec l'ongle.

Cette pierre, vous le voyez, n'est pas calcaire, puisqu'elle ne fait pas effervescence; ni siliceuse, puisqu'on peut la rayer avec le couteau et même avec l'ongle : c'est le *gypse* ou *pierre à plâtre*, de laquelle on obtient une poussière blanche semblable à de la farine, appelée plâtre.

Pour obtenir le plâtre, il suffit de cuire le gypse, comme on cuit la pierre à chaux, mais en chauffant moins fort. Le plâtre cuit est écrasé dans un moulin spécial et réduit en poussière. Il sert alors à enduire les plafonds et les murs de nos maisons ou bien encore à joindre les briques de nos cloisons.

Comment on obtient le plâtre.

114. — Il y a du *gypse ordinaire*, qui ressemble au calcaire, puis du *gypse en cristaux* tel que celui-ci (fig. 185). Je lève une lamelle de ce dernier et la présente à la flamme d'une lampe à alcool. Elle blanchit pendant qu'il s'élève dans l'air une légère fumée :

c'est l'eau de la pierre qui s'élève ainsi en vapeur.

La matière blanche qui nous reste est du *plâtre* que nous pouvons réduire en poussière.

Versons de cette poussière blanche dans l'eau d'une soucoupe, et remuons bien le tout, nous obtiendrons une sorte de mortier qui durcit très vite et relie fortement. J'en mets sur cette brique et pose dessus une seconde brique qui, dans un instant, sera fortement collée à la première.

Ce que nous venons de faire là, en petit, les ouvriers le font en grand.

Délayer du plâtre dans l'eau, cela s'appelle *gâcher le plâtre*. Les ouvriers savent que ce mortier durcit très vite, et gâchent très peu de plâtre à la fois, car ils ne pourraient plus l'employer.

Ce mortier sert à relier les briques des cloisons; il les *colle* tellement fort, qu'on briserait plutôt les briques que de les séparer.

Fig. 185. — Cristal de gypse en fer de lance.

Essayons maintenant de séparer les deux que nous avons reliées l'une à l'autre. Il faudrait faire un certain effort pour y arriver. Nous avons donc bien réussi. Dans un instant, il vous serait impossible de les séparer. En terme de métier on dit que le plâtre *fait prise*.

De même que la chaux, le plâtre est employé en agriculture, comme amendement. Vers le mois d'avril, on le répand en poudre sur certaines plantes, comme le trèfle, la luzerne, le sainfoin, dont il active la végétation.

Le plâtre sert aussi à faire des statues. On prend alors du plâtre fin provenant de belles pierres cristallisées et semblables à du verre, comme celle que je vous ai montrée il y a un instant.

Pour *mouler une statue*, on verse le plâtre tout gâché dans le moule; la pâte, presque liquide d'abord, se solidifie, augmente de volume et pénètre ainsi dans les moindres creux du moule: elle en reproduit donc tous les détails avec une très grande fidélité. On ouvre ensuite le moule pour en retirer la statue.

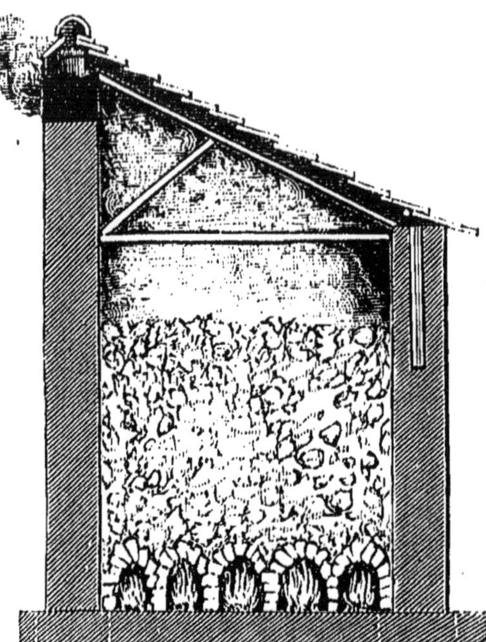

Fig. 186. — Four à plâtre chargé et allumé.

La pierre à plâtre se fait cuire dans un four comme la pierre à chaux, mais elle exige moins de chaleur que cette dernière. Nous l'avons déjà dit.

Questionnaire. — Qu'appelle-t-on matériaux de construction? — Quels sont les principaux matériaux de construction? — Comment avons-nous divisé les pierres? — Comment peut-on les distinguer? — Citez des pierres calcaires et des pierres siliceuses. — Quels sont les avantages et les inconvénients des pierres de chacune de ces catégories? — A quoi sert le mortier? — Avec quoi fait-on le mortier? — D'où provient la chaux? — Comment obtient-on la chaux? — Qu'appelle-t-on chaux vive; — chaux éteinte? — Le gypse ou pierre à plâtre est-il siliceux ou calcaire? — Comment obtient-on le plâtre? — A quoi sert le plâtre?

Dix-neuvième Leçon.

LES MATÉRIAUX DE CONSTRUCTION (*suite*).

La Brique, la Tuile.

115. — Tous, vous connaissez les briques, n'est-ce pas, mes amis?

Une brique ressemble un peu à un gros morceau de savon quant à la forme : c'est la définition qu'un enfant de votre âge en a donnée, un jour, devant moi.

Les briques ne se trouvent pas toutes faites dans la terre.

On les fabrique avec une terre grasse nommée *argile* ou *glaise*.

L'argile se reconnaît aux caractères suivants : elle est douce au toucher et se polit facilement à l'ongle; de plus, délayée dans l'eau, elle donne une pâte facile à travailler; aussi dit-on que *l'argile fait pâte avec l'eau*.

L'argile colle à la langue lorsqu'on l'applique dessus. On dit alors qu'elle *happe à la langue*.

Les *ouvriers briquetiers* délayent cette terre avec de l'eau et en forment une sorte de pâte, que l'on met ensuite dans des moules qui ont la forme d'une brique.

Retirée du moule, la brique est séchée à l'air, puis cuite au four. L'établissement où on les fabrique s'appelle une *briqueterie*.

De même que les pierres, les briques servent à la confection des murs extérieurs de nos maisons et des cloisons qui séparent les différentes pièces de nos appartements. On relie les briques les unes aux autres avec du mortier, du plâtre gâché, ou du ciment.

Le ciment est une poudre de tuile ou de brique pilée qu'on mêle avec de la chaux pour en faire du mortier. Pour l'employer, on le gâche comme le plâtre.

L'argile sert encore à fabriquer des *tuiles* pour couvrir les maisons et d'autres bâtiments.

Les tuiles se font de la même manière que les briques. On leur donne la forme que l'on veut; les tuiles, en effet, sont, les unes courbes, les autres plates. Elles servent à couvrir nos maisons pour empêcher la pluie d'y pénétrer.

Autrefois, les toits étaient en *paille* ou *chaume*, et ces couvertures étaient fort dangereuses à cause du feu; elles étaient, en outre, moins propres, moins élégantes et moins durables que la tuile.

Les Ardoises.

116. — Pour couvrir les maisons, on emploie aussi des feuilles d'*ardoise* semblables à celles dont on se sert pour écrire.

L'*ardoise* est une pierre argileuse, de couleur bleuâtre. On l'extrait en blocs, puis on la débite en lames plus ou moins épaisses, selon l'usage auquel elle est destinée.

Les *carrières d'ardoise* se nomment *ardoisières*. Les plus célèbres de la France sont celles d'Angers, des Ardennes et des environs de Cherbourg.

Dans les édifices et les belles maisons des villes, on emploie souvent l'ardoise de préférence à la tuile. Elle sert encore à faire des dessus de tables, de billards, des tableaux noirs pour les écoles.

L'ardoise artificielle ou factice, qui est en usage aujourd'hui dans les écoles parce qu'elle a l'avantage de n'être pas fragile, est toute différente de la véritable ardoise ; elle est formée généralement d'une feuille de carton recouverte d'une pâte faite avec de l'argile et de la colle forte.

La Charpente.

117. — Lorsque les murs d'un bâtiment sont élevés, on lui fait une première couverture en bois sur laquelle sont posées les tuiles ou les ardoises.

Cette partie du bâtiment, qui est construite en bois, se nomme la *charpente*.

Les principaux bois employés pour la charpente sont le chêne, le châtaignier, le pin et le sapin.

Rappelez-vous, mes amis, ce que nous avons dit de de chacun d'eux il y a quelques jours.

Dans la construction des maisons, on emploie encore des pièces de bois appelées *solives*, sur lesquelles repose le plancher de chaque étage.

Les solives sont appuyées par les deux extrémités sur les murs de la maison.

On place quelquefois de grosses pièces de bois appelées *poutres* sur lesquelles reposent les solives.

Une petite solive prend le nom de *soliveau*.

Le Verre.

118. — Si notre classe n'avait que des murs pleins, c'est-à-dire sans fenêtres, et que la porte fût toute en bois, nous serions obligés d'avoir une lumière artificielle du matin au soir pour travailler.

Il est vrai qu'on pourrait avoir des fenêtres sans vitres ; mais alors le vent et la pluie nous gêneraient, et en hiver nous grelotterions.

Pour obvier à tous ces inconvénients, les hommes ont cherché une matière qui arrêtât le vent et la pluie, tout en laissant la lumière du soleil pénétrer à l'intérieur : cette matière est le verre de nos vitres.

Voyons donc comment il se fabrique.

Selon l'espèce de verre que l'on veut obtenir, on emploie différentes matières, dont les principales sont : du *sable*, de la *chaux*, de la *potasse* ou de la *soude*. On les fait fondre dans des vases en terre nommés *creusets*.

La potasse et la soude sont blanches et s'extraient des cendres de certaines plantes.

Quand on veut avoir du *verre à bouteilles*, coloré comme celui des bouteilles ordinaires, les ouvriers emploient du sable coloré par l'oxyde de fer, qui est la rouille de ce métal.

Pour obtenir le *verre à vitres*, comme celui des carreaux de nos fenêtres, des globes de pendules et de la *gobeletterie* ordinaire, on prend du sable blanc.

Le *verre des glaces* a la même composition que celui des vitres, seulement la chaux y est en plus petite quantité.

Le verre nommé *cristal* contient un peu de plomb.

Que le verre soit blanc ou coloré, le travail est toujours le même : les creusets, remplis des matières nécessaires, sont disposés dans un four spécial; sous l'action d'un feu ardent, le mélange fond et donne une pâte qui est le verre à l'état liquide, ou plutôt à l'état *pâteux*.

Le Soufflage du verre.

119. — Sans nul doute, vous avez vu faire des bulles de savon.

On racle un peu de savon dans de l'eau et l'on remue le mélange avec un petit bâton, jusqu'à ce qu'il se produise une écume abondante. On prend alors un peu de cette écume au bout d'un tuyau de paille et l'on souffle à l'autre bout; il se forme une toute petite boule, qui grossit à mesure que l'on souffle et se détache du tuyau quand elle est assez grosse.

Eh bien, les *verriers* font exactement la même chose; mais, au lieu d'être un amusement, leur besogne est un rude travail.

Les verriers se servent d'une *canne*, long tuyau en fer, dont l'une des extrémités se nomme *nez*. L'ouvrier trempe le *nez* de la canne dans le verre fondu, en retire une petite boule rouge comme du feu et se met aussitôt à souffler vivement par l'autre bout de la canne. Qu'arrive-t-il? L'air, pénétrant dans la boule, la transforme en une bourse de verre nommée *manchon*, à laquelle l'ouvrier donne une forme déterminée.

S'il veut avoir une vitre, l'ouvrier fend le manchon dans le sens de la longueur et l'étend ensuite sur une table. Le procédé est le même pour les miroirs de petites dimensions, mais les grandes glaces s'obtiennent en coulant le verre sur une table horizontale et bien dressée; on les polit ensuite et on les *étame*.

Si l'ouvrier veut faire une bouteille, il introduit le manchon de verre dans un *moule* qui a la forme de la bouteille qu'il désire avoir.

Le travail du verrier est très pénible, mais il est d'une grande utilité.

Questionnaire. — Qu'est-ce qu'une brique? — Avec quoi fait-on les briques? — Comment peut-on reconnaître l'argile? — Comment fait-on les briques? — Parlez des tuiles. — Que savez-vous de l'ardoise? — Qu'est-ce que l'ardoise factice? — Qu'appelle-t-on charpente, dans un bâtiment? — Quels sont les bois les plus employés pour la charpente? — Qu'appelle-t-on solives et soliveaux; poutres? — Le verre est-il utile? — Avec quoi et comment le fait-on? — Parlez du soufflage du verre.

Vingtième Leçon.

LA POTERIE

120. — L'argile ou glaise, dont nous avons déjà eu l'occasion de parler, ne sert pas seulement à faire des tuiles et des briques; on l'emploie aussi à la fabrica-

Fig. 187. — Potier faisant un pot au tour.

tion des poteries, mais on choisit alors une terre plus fine que pour les tuiles et les briques.

Si la poterie ne fait pas partie des matériaux de construction, elle joue un assez grand rôle chaque jour dans nos demeures pour que nous y consacrions un instant.

L'ouvrier, nommé *potier*, délaye cette terre avec de l'eau pour en faire une pâte qu'il met en boules. Chacune de ces boules sera transformée en un pot, une assiette, une tasse, ou tout autre objet de ce genre.

Le potier façonne ses vases avec une machine bien simple, appelée *tour à potier*, composée de deux rondelles de bois, dont chacune est fixée à l'extrémité d'un axe, également en bois. Il fait *tourner* l'instrument en pressant du pied la rondelle inférieure; il façonne la pâte à sa guise, lui donne la forme qu'elle doit avoir. Le travail se fait d'abord à la main, puis on termine les pots à l'aide d'instruments spéciaux. On les laisse sécher légèrement avant de les mettre cuire au four. Pour que la poterie ne se laisse pas traverser par les liquides qu'elle doit contenir, on la recouvre presque toujours d'un vernis, et l'on a ainsi des *poteries vernissées*.

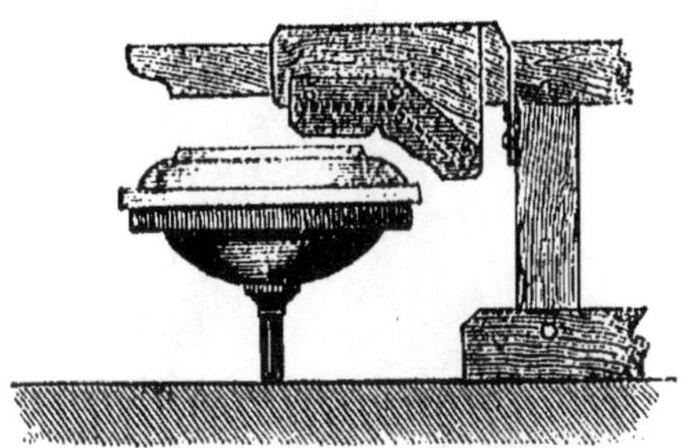

Fig. 188. — Fabrication d'un plat.

C'est ainsi qu'on fait les pots à fleurs; mais ils sont généralement peu cuits et sans vernis.

La Faïence et la Porcelaine.

121. — Les assiettes, les plats, les saladiers, en un mot tous les objets désignés sous le nom de *poterie fine*, sont de deux sortes. La première sorte, qui ne se laisse pas traverser par la lumière, est nommée *faïence;* elle est fabriquée avec de l'argile un peu moins grossière que celle de la poterie commune. La seconde sorte, qui se laisse traverser par la lumière, est faite avec une argile très pure et très blanche, nommée *kaolin :* c'est la *porcelaine.*

La porcelaine et la faïence se façonnent à peu près

comme la poterie ordinaire et se cuisent dans des fours appelés *fours à faïence ou à porcelaine.*

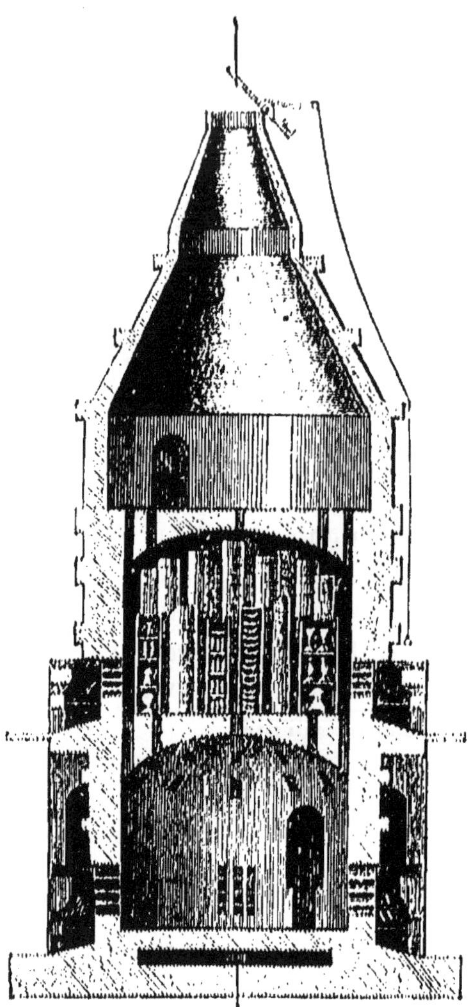
Fig. 189. Four à porcelaine.

Le vernis de la faïence est opaque, afin de cacher l'argile, au lieu que celui de la porcelaine est transparent.

La faïence commune se fabrique surtout à Paris, Rouen, Nevers; la faïence fine, à Choisy-le-Roi, à Creil, à Montereau, à Gien, à Bordeaux; la porcelaine se fabrique à Sèvres, qui est aux portes mêmes de Paris, puis à Limoges.

A l'étranger, les porcelaines de Saxe, de la Chine et du Japon sont célèbres par leur finesse et leur beauté.

La fabrication de la poterie, de la faïence et de la porcelaine constitue la *céramique.*

L'art du potier est très ancien : les Grecs et les Romains fabriquaient des vases d'une forme élégante et d'un fini sans exemple. Les vieilles faïences de Marseille et de Strasbourg, de Nevers, de Moustiers-Sainte-Marie, de Rouen, etc., sont très recherchées des amateurs.

Un potier illustre fut Bernard Palissy.

Ce savant était si pauvre qu'il manqua de bois pour alimenter le four qui devait cuire sa poterie; alors il brûla ses meubles. On ajoute que depuis Bernard Palissy, on n'a rien créé de plus parfait que ses vases et ses plats.

Cet homme était un grand artiste, qui ne recula devant aucun sacrifice pour arriver à son but.

Les diverses industries du bâtiment.

122. — Il y a diverses catégories d'ouvriers qui travaillent à la construction d'une maison.

D'abord, ce sont les terrassiers, qui creusent et enlèvent la terre pour faire une cave. Ils sont suivis du maçon, qui commence par bâtir dans la terre et établir ce qu'on appelle les *fondations*, et élève ensuite les murs après avoir dressé des échafaudages. Si les solives sont en bois, elles sont posées par les charpentiers, qui auront encore à faire la charpente de la toiture.

Les plâtriers sont chargés de la confection des plafonds et souvent d'aplanir les murs à l'intérieur.

Les couvreurs viennent ensuite pour poser les tuiles ou les ardoises. Si la toiture est en zinc ou en tôle plombée, ce sont les plombiers qui sont chargés de cette besogne, ainsi que de la pose des gouttières et des tuyaux de descente, qui doivent conduire l'eau jusqu'au sol.

Le gros œuvre de la maison étant achevé, les menuisiers arrivent pour faire le parquet, les portes, les fenêtres, etc., puis le fumiste, qui s'occupe des cheminées.

Les portes ont besoin de serrures et de clefs, de ferrures, ainsi que les volets. C'est le serrurier en bâtiment qui est chargé de cette besogne.

L'eau ferait pourrir les volets, le peintre les couvrira de peinture, ainsi que les boiseries de l'intérieur, pour qu'elles soient plus propres. Ce n'est pas tout. Le vitrier, qui est souvent, en même temps, le peintre, posera des vitres aux croisées pour empêcher la poussière, la pluie et le vent de pénétrer dans la maison.

Aujourd'hui, on ne se contente pas de laisser les murs blancs, on les recouvre de papier à l'intérieur.

Le Papier.

123. — Vous savez, mes enfants, que le papier dont chacun de vous se sert journellement est fabriqué avec des matières fort diverses, dont les chiffons ont été longtemps la matière principale. On commence par les nettoyer et les blanchir; ensuite des machines spéciales les *effilochent*, travail qui consiste à défaire ce qu'a fait le tisserand, en transformant le tissu en une fine *charpie;* cette charpie est alors triturée dans l'eau et donne une véritable bouillie, nommée *pâte à papier*.

Pendant longtemps, le papier a été fabriqué exclusivement *à la cuve*, c'est-à-dire à la main, mais aujourd'hui on le fabrique, de préférence, à la mécanique. Le travail est bien plus rapide, tout en donnant un aussi bon résultat. C'est le seul mode de fabrication dont nous ayons à nous occuper ici.

Fabrication à la machine.

124. — Une machine broie et réduit toutes les matières qui lui sont confiées en une bouillie liquide, appelée *pâte à papier*.

Quand la pâte est faite, elle tombe sur une toile sans

fin, qui la conduit entre de nombreux cylindres ou rouleaux. La pression des premiers cylindres débarrasse peu à peu la pâte de l'eau qu'elle contient; d'autres rouleaux, chauffés à l'intérieur, achèvent de la sécher. Lorsqu'elle arrive au bout de la machine, la pâte est transformée en une longue bande de papier qui s'enroule sur un tambour pour être ensuite découpée en feuilles.

Vous savez, mes enfants, que le papier de vos cahiers ne boit pas l'encre comme celui des buvards et de la plupart de vos livres : c'est parce que ce papier est *collé* : l'opération qu'on lui fait subir s'appelle *encollage*. Il existe deux procédés d'encollage. Le premier consiste à enduire le papier d'une sorte de vernis composé d'alun et de gélatine; le second, à mélanger à la pâte une certaine quantité d'amidon et de résine. Voilà pour le papier ordinaire, celui de vos cahiers, par exemple.

Quant aux autres papiers, la fabrication est à peu près la même; elle diffère seulement dans les détails.

Le papier, aujourd'hui, a acquis une telle importance et embrasse des usages si divers, qu'on a pu appeler notre époque l'*ère du papier*.

Avec le papier, en effet, on fabrique jusqu'à des tentures, des rideaux, des meubles, des bouteilles, des assiettes, des plastrons, des cols et des manchettes.

Enfin, on a pensé à remplacer la plupart de nos ustensiles de cuisine par d'autres ustensiles en papier.

On a même parlé d'en fabriquer des tonneaux pour mettre le vin et les autres liquides.

Questionnaire. — Avec quoi fait-on la poterie? — Qu'appelle-t-on tour à potier? — Comment peut-on diviser la poterie? — Quelle différence y a-t-il entre la faïence et la porcelaine? — Qu'est-ce que la céramique? — Citez un potier qui devint illustre. — Quelles sont les principales industries du bâtiment? — Parlez du papier et de sa fabrication.

Vingt et unième Leçon.

LE FEU

125. — Quand nous avons froid, nous désirons naturellement nous chauffer; pour cela, que faut-il?

Du *feu*, n'est-ce pas?

Pour avoir du feu, on emploie différentes matières, comme du bois, du charbon, etc., toutes matières désignées sous le nom commun de *combustibles*.

Mais comment s'y prend-on pour allumer du feu? Vous le savez tous.

Il suffit de frotter une allumette, qui s'enflamme aussitôt, et de la présenter à certains combustibles tels que du bois menu, de la paille, du papier, lesquels brûlent presque instantanément.

Voilà, mes enfants, comment les choses se passent de nos jours; mais autrefois les hommes ne connaissaient pas les allumettes. Pour obtenir du feu, ils étaient réduits à frotter très fort et très longtemps l'un contre l'autre deux morceaux de bois bien secs. Cette opération devait être longue et pénible; mais il n'y avait pas d'autre moyen de se procurer du feu, à moins de frapper deux morceaux de silex, c'est-à-dire deux cailloux, l'un contre l'autre.

Dans tous les cas, il fallait arriver à enflammer des matières facilement inflammables.

De quelque façon que nous nous procurions la chaleur, elle nous est d'un grand secours; mieux encore, d'une nécessité absolue. C'est la chaleur qui cuit nos aliments, qui fait marcher les trains sur les chemins de fer, les bateaux à vapeur, sur les fleuves et sur les mers, et qui met en mouvement tout un monde de machines. Mais où faisons-nous du feu pour notre usage quotidien?

Dans une cheminée, un poêle ou un fourneau, n'est-ce pas, mes amis?

Disons un mot de la cheminée.

La Cheminée et le Poêle tirent.

126. — Pour que le feu s'allume et que la combustion se fasse bien, la cheminée, ou le poêle, doit avoir un certain *tirage*. Afin de vous mieux faire comprendre ce qu'on entend par le mot *tirage*, nous allons faire une expérience avec un entonnoir. Renversons celui-ci de manière que le tube par où passent les liquides se trouve en haut, et que son bord pose sur trois pierres. Cela vous rappelle une cheminée.

Le tube représente assez bien, n'est-ce pas? le conduit par lequel s'en va la fumée, ou encore le tuyau d'un poêle. D'ailleurs il existe un ustensile de ce genre appelé *cheminée mobile*, *diable*, et qui sert aux cuisinières pour allumer leur fourneau. Maintenant, enflammons une allumette et plaçons-la dans notre cheminée avec un peu de papier... Que se passe-t-il?

La fumée monte dans le tube et sort.

L'air qui entoure l'allumette est échauffé et rendu plus léger; il s'élève dans la cheminée et se trouve aussitôt remplacé par de l'air plus froid, qui s'échauffe à son tour, monte également, et ainsi de suite. Il s'établit alors un courant, et la cheminée *tire*.

Ce qui se produit ici en petit se produit en grand dans nos habitations. Pour que le feu *marche bien*, il lui faut de l'air en quantité, c'est-à-dire un tirage suffisant. Si nous bouchions la cheminée ou le tuyau du poêle, le feu s'éteindrait inévitablement.

Allumez un bon feu dans une cheminée, ouvrez la

fenêtre de la chambre, et placez-vous devant le feu, entre lui et la fenêtre, vous sentirez de l'air qui vous glacera les jambes, si la température est froide.

C'est que, par suite du tirage, le feu a produit un courant d'air qui va de la fenêtre au foyer, puis l'air sort par la cheminée au-dessus du toit.

Placez une bougie allumée devant votre feu, la flamme, poussée par l'air, s'inclinera du côté de la cheminée.

En brûlant, le bois ou le charbon s'en va en partie dans l'air et devient invisible; il ne reste plus qu'un peu de cendre.

L'état d'un corps qui se dissipe ainsi en donnant de la chaleur et de la lumière

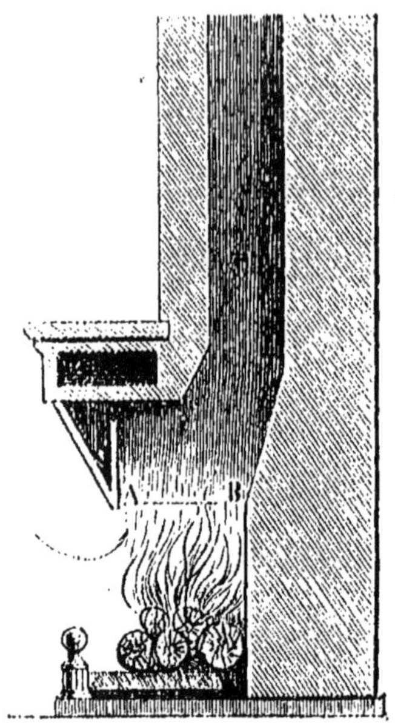

Fig. 190. — Coupe d'une cheminée dont la profondeur est indiquée en AB. — T, conduit.

se nomme *combustion*, et les corps qui brûlent s'appellent *combustibles;* nous l'avons déjà dit.

Plus il y a d'air, mieux *le feu marche*.

Le Soufflet, le Tablier.

127. — Lorsqu'on brûle du bois, on se sert souvent du *soufflet* pour activer le feu.

Vous connaissez tous cet ustensile de ménage.

Le soufflet se compose de deux planches munies de poignées, reliées ensemble par de la peau. Il porte en avant un tuyau en fer. Tout cela forme un *sac* qui peut être agrandi ou diminué. Quand on écarte les deux planches, le sac devient plus grand et s'emplit d'air par une ouverture pratiquée dans la planche du dessous. Quand on les rapproche, le sac diminue et l'air sort par le tuyau.

Et pourquoi l'air ne s'échappe-t-il pas par l'ouverture du dessous quand les planches se rapprochent?

C'est qu'il y a une petite porte ou *soupape* qui se ferme en s'appuyant sur la planche.

Mais, en écartant les poignées du soufflet, l'air entre aussi par le tuyau. Le soufflet sert donc à emmagasiner de l'air pour le diriger sur le feu et l'empêcher de pénétrer par toute la cheminée.

Quand on baisse le *tablier* de la cheminée, on agit à peu près comme avec un soufflet. On oblige l'air à passer sur le feu et à l'activer.

Le Charbon de terre.

128. — Les combustibles se divisent en deux catégories, suivant qu'ils sont employés pour le *chauffage* ou pour l'*éclairage*. En tête des premiers, nous citerons le *bois* et la *houille*.

La houille est noire et se trouve dans la terre; voilà pourquoi on l'appelle *charbon de terre*.

Des ouvriers, désignés sous le nom de *mineurs*, creusent dans la terre de grands trous appelés *mines*, pour extraire la houille.

Si on l'exploite à ciel ouvert, comme la pierre de nos carrières, l'opération n'est pas difficile; mais, en général, il faut l'aller chercher à de grandes profondeurs, ce qui oblige les mineurs à creuser des puits immenses.

A mesure qu'ils descendent dans la terre, les ouvriers doivent mettre des pièces de bois contre les parois du puits pour empêcher les éboulements de se produire. Arrivés aux couches de combustible, les mineurs percent de longues *galeries* et en soutiennent le plafond à l'aide de gros madriers. Ils laissent également, de place

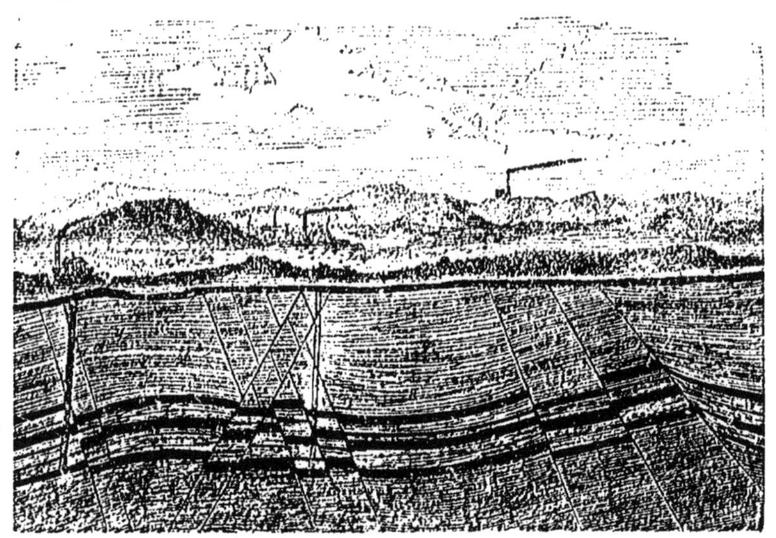

Fig. 191. — Coupe d'un terrain renfermant de la houille. — Les bandes noires sont la houille.

en place, d'énormes piliers de houille, piliers naturels et plus solides que tous les autres.

Le Grisou.

120. — Comme l'obscurité est complète dans ces galeries, les mineurs ont besoin de s'éclairer pour exécuter leur travail souterrain : ils sont donc obligés d'allumer des lampes, ce qui présente quelquefois, trop souvent même, de grands dangers. Il arrive, en effet, qu'il se dégage, dans les mines de charbon de terre, une quantité considérable d'un gaz nommé *grisou*, lequel gaz prend feu au contact d'un corps enflammé.

Si le *grisou* est mélangé à l'air et s'enflamme, on a une *explosion* : un bruit épouvantable se fait entendre dans la mine, les murs s'ébranlent, la secousse se com-

munique dans toutes les directions, les piliers s'af-
faissent, les galeries s'écroulent et ensevelissent les
ouvriers ; quelquefois même ces malheureux sont

Fig. 102. — Intérieur d'une mine.

enveloppés par le grisou et brûlés par les flammes.

La terreur est dans toute la contrée. Les habitants
accourent à l'ouverture du puits, en se lamentant : les
femmes demandent leurs fils et leur mari, les enfants
réclament leur père ou leurs frères ; c'est un moment
d'affolement général.

Les hommes qui n'étaient pas descendus dans le puits se mettent aussitôt à l'œuvre pour renouveler l'air suffocant de la mine et déblayer les galeries encombrées; mais presque toujours, hélas! le sort a fait des victimes, des veuves et des orphelins. On ne trouve, le plus souvent, que des cadavres ou brûlés ou broyés;

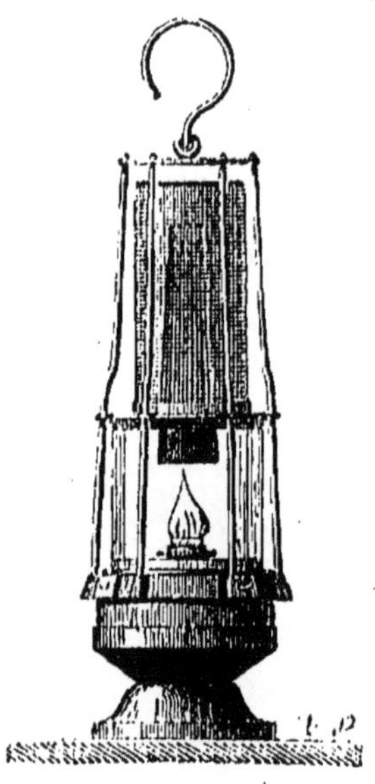

Fig. 193. — Lampe de mineur, dite lampe de Davy.

et si quelques mineurs respirent encore, ce n'est que pour souffrir. quelques instants : l'agonie avant la mort.

Le pays tout entier est plongé dans le deuil, et bien des familles se trouvent réduites à la misère.

Un chimiste anglais, nommé Davy, a inventé une lampe qui préserve de ces explosions terribles ; malgré cette précieuse invention, des accidents se produisent encore dans les mines, mais ils sont moins fréquents.

Honneur donc au savant qui a trouvé le moyen de rendre plus rares ces horribles catastrophes!

Que d'existences a préservées cette petite lampe de Davy, qui, à des centaines de pieds sous terre, dans l'obscurité des mines, éclaire et protége le mineur, dont elle est la bonne étoile!

Vingt-deuxième Leçon.

CHAUFFAGE ET ÉCLAIRAGE

Le Charbon de bois.

130. — Il y a dans la forêt des arbres qui sont là depuis un grand nombre d'années, puis de longues branches partant du sol, que l'on coupe tous les vingt ans, tous les quarante ans, par exemple. Tout ce bois est employé comme bois de travail ou de chauffage. Une partie de celui

Fig. 194. — Coupe d'une meule.

qui est destiné à être brûlé, est transformée en charbon, dit *charbon de bois*.

Dans ce but, le *charbonnier* coupe les branches en bûches d'une certaine longueur, et, sur un terrain bien uni, bien abrité, il dispose ces bûches côte à côte, légèrement inclinées, de manière à former un tas composé de plusieurs assises. La première rangée de bûches est appuyée le long de quatre ou cinq longues perches, plantées dans le sol de la forêt et formant *cheminée*.

Le tas ou *meule* est ensuite recouvert d'une couche de terre qui empêche le bois de brûler entièrement. Si l'on ne prenait cette précaution, le bois ne donnerait que de la cendre, comme cela arrive dans nos cheminées. Mais on a soin de laisser des ouvertures au bas de la meule pour permettre à l'air de circuler, précaution indispensable, sans laquelle le feu, privé de tirage, d'air, ne s'allumerait pas ou s'éteindrait promptement.

Quand la meule est définitivement préparée, on y

Fig. 195. — Meule recouverte et allumée.

met le feu en jetant des charbons embrasés dans la cheminée, et on laisse brûler le bois jusqu'à ce que l'on reconnaisse que la *carbonisation* est complète.

Le charbonnier bouche alors toutes les ouvertures laissées au bas de la meule, et le feu s'éteint. Le lendemain ou le surlendemain, il la démolit et procède au triage du charbon, en mettant à part les parties insuffisamment brûlées, qu'on nomme des *fumerons*, et qui produisent une si désagréable fumée dans les fourneaux de cuisine.

Le charbon de bois est d'un usage presque indispensable et d'une très grande commodité. Il s'allume facilement, brûle sans flamme ni fumée, et donne beaucoup de chaleur.

Aujourd'hui, dans les grandes cuisines, on emploie

Fig. 196. — Ensemble des opérations pour la fabrication du charbon de bois dans les forêts.

généralement le coke et la houille, moins coûteux que le charbon de bois; mais ce dernier est quand même employé, car il s'allume plus vite, et est indispensable lorsqu'on n'a pas besoin de feu pour longtemps.

D'ailleurs les ménages pauvres trouvent dans ce combustible une fort grande économie.

L'Éclairage.

131. — Le jour, nous sommes éclairés par la bril-

lante lumière du soleil ; la nuit, la lune nous envoie de temps à autre un pâle rayon, qui ne suffirait pas à nous éclairer. Il faut y suppléer. De quoi nous servons-nous donc pour nous éclairer ?

De chandelle, de bougie, de gaz, de pétrole, d'essence minérale et d'huile. Autrefois, les hommes se servaient de torches, c'est-à-dire de branches de sapin fortement imprégnées de *résine*.

Les torches donnent beaucoup de fumée, répandent une mauvaise odeur, enfin éclairent mal ; elles ont été remplacées avantageusement par l'huile, la chandelle, la bougie et le gaz d'éclairage.

La Chandelle et la Bougie.

132. — Les chandelles sont fabriquées avec du suif, lequel n'est autre chose que la graisse des animaux ruminants, comme le mouton, le bœuf, la chèvre. Au milieu de chacune d'elles se trouve une mèche en coton, simplement tordue.

Il y a, pour la chandelle, deux modes de fabrication : le premier consiste à tremper la mèche dans le suif fondu jusqu'à ce que la chandelle soit arrivée à la grosseur voulue ; le second consiste à verser la matière fondue, c'est-à-dire le suif à l'état liquide, dans un moule, au milieu duquel se trouve la mèche. Le moule est choisi de longueur et de grosseur convenables, suivant la chandelle que l'on désire obtenir.

La *bougie* se fait à peu près de la même façon ; mais la mèche est tressée, en sorte qu'elle se consume entièrement sans qu'on ait la peine de la *moucher*.

Pendant longtemps on a fabriqué les bougies avec la cire des abeilles ; mais aujourd'hui cette substance est remplacée par la stéarine, extraite de corps gras, et qui coûte moins cher.

Le Pétrole, l'Essence minérale.

133. — On s'éclaire aussi avec l'huile extraite de la noix, du pavot dit *œillette*, du colza, que l'on brûle dans des lampes ; mais on emploie de préférence aujourd'hui une sorte d'huile qui se trouve dans la terre et que l'on nomme *pétrole*.

Le *pétrole* est un liquide très abondant dans certaines régions des États-Unis d'Amérique, où il suffit de creuser un puits de quelques mètres de profondeur pour en avoir à volonté. Pour le brûler, il faut une lampe spéciale, mais fort simple.

En épurant le pétrole, on obtient l'*essence minérale*, qui est employée aux mêmes usages.

Le pétrole est d'un emploi assez dangereux, quand on ne prend pas les précautions voulues ; mais l'essence, qui s'enflamme très facilement, présente infiniment plus de dangers. Aussi les enfants ne doivent-ils jamais y toucher, et les grandes personnes doivent-elles user de beaucoup de prudence en s'en servant. C'est ainsi qu'il ne faut jamais verser l'essence dans une lampe à proximité de la lumière du feu, d'une lampe allumée ou d'une bougie. Il existe même une loi qui défend aux marchands de servir de l'*essence* à leurs clients pendant la nuit.

Le Gaz d'éclairage, sa fabrication.

134. — Aujourd'hui on éclaire les grandes villes au moyen du gaz que l'on extrait de la houille en la distillant, c'est-à-dire en la chauffant fortement dans des vases solides et bien fermés, nommés *cornues*.

L'*éclairage au gaz* a le grand avantage d'être propre, commode et économique.

Puisque vous aimez beaucoup les expériences, nous

allons fabriquer ensemble du gaz d'éclairage. Nous mettrons des fragments de houille dans une pipe en terre, et nous achèverons de remplir la pipe avec de l'argile ou terre glaise que nous tasserons bien.

Plaçons maintenant cette pipe sur un fourneau allumé : que voyez-vous sortir par le tuyau ? rien, n'est-ce pas ? mais on sent une fort mauvaise odeur.

Eh bien, cette mauvaise odeur est due au gaz qui se dégage de la houille et qui s'échappe par le tuyau de la pipe.

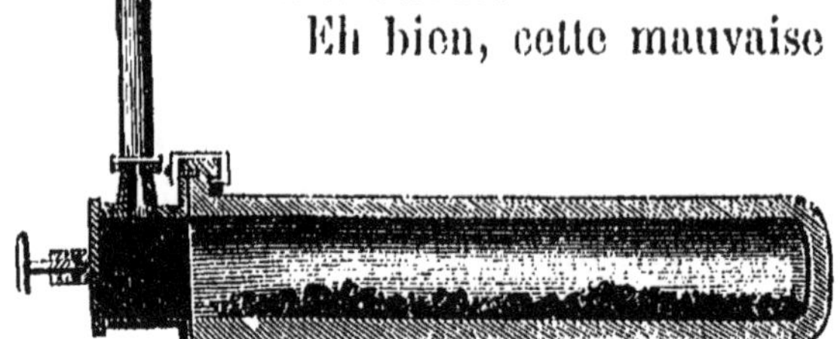

Fig. 107. — Coupe d'une cornue.

Présentons une allumette enflammée à l'extrémité de ce tuyau.

Ça prend feu !

Le gaz brûle à mesure qu'il sort.

A l'*usine à gaz*, c'est-à-dire dans le vaste établissement où ce précieux combustible se fabrique en grand, on met la houille dans des cornues que l'on ferme hermétiquement à l'aide d'une plaque en fonte pour empêcher le gaz de s'échapper par là.

Sous l'action de la chaleur, le gaz se dégage de la houille et s'échappe par un tuyau ; il passe par un long chemin dans divers appareils d'*épuration* et se rend dans une grande cuve à moitié remplie d'eau. Dans cette cuve plonge une énorme cloche en fonte qui peut monter et descendre, suivant la pression intérieure du gaz. Par son propre poids, cette cloche, appelée *gazomètre*, chasse le gaz dans les tuyaux, qui le conduisent à travers toute la ville jusqu'aux endroits où il doit être brûlé.

Pour se servir de ce gaz, il suffit d'ouvrir un robinet ;

il en sort, comme tout à l'heure il s'échappait du tuyau de la pipe. C'est alors, à sa sortie, qu'on peut l'allumer.

Il est même indispensable de l'allumer aussitôt que le robinet est ouvert; autrement, il se mélangerait à l'air, avec lequel il formerait un *mélange détonant* qui pourrait occasionner des accidents semblables à ceux du grisou.

L'emploi du gaz d'éclairage présente de grands dangers si l'on n'agit avec prudence; aussi les enfants doivent-ils s'abstenir de toucher aux becs de gaz.

Vous avez peut-être déjà entendu dire : « Je prends mon *coke* à l'usine à gaz ». Qu'est-ce donc que le *coke?* C'est tout simplement du charbon de terre qui a servi à la fabrication du gaz et qui en contient encore assez pour brûler facilement.

Comme il a perdu une grande partie de son gaz, il brûle avec moins de flamme, moins de fumée et moins d'odeur que la houille, mais aussi donne moins de chaleur. Il s'enflamme difficilement. De plus, il faut, pour le brûler, des foyers ayant un fort tirage.

Aujourd'hui, on commence à s'éclairer au moyen de l'électricité.

Ce mode d'éclairage est même beaucoup employé à Paris et dans plusieurs villes de France. Des localités de deux ou trois mille habitants n'ont pas reculé devant la dépense que nécessite l'installation de cet éclairage.

Questionnaire. — A quoi sert le bois de la forêt? — Dites tout ce que vous savez sur la fabrication du charbon de bois. — De quoi nous servons-nous pour nous éclairer? — Comment et avec quoi fabrique-t-on la chandelle et la bougie? — Où trouve-t-on le pétrole? — Qu'est-ce que l'essence minérale? — D'où provient le gaz d'éclairage? — Comment le fabrique-t-on? — Quels sont les avantages qu'il présente? — Qu'est-ce que le coke? — Comment s'éclaire-t-on encore aujourd'hui?

Vingt-troisième Leçon.

LES MÉTAUX USUELS

135. — Vous connaissez le fer et le cuivre, mes amis. Vous savez que ce sont des *métaux*.

Les métaux sont nombreux ; mais quelques-uns seulement nous sont particulièrement utiles. Les plus *usuels* sont : le *fer*, le *cuivre*, l'*or*, l'*argent*, le *plomb*, l'*étain* et le *zinc*. On peut encore citer le *nickel*, que l'on emploie beaucoup depuis quelques années.

Les Outils d'autrefois.

136. — Le *fer* est assurément le plus utile de tous les métaux, car il sert à faire la plupart de nos outils ; sans lui les hommes seraient bien misérables, aussi misérables qu'à l'époque où, ne le connaissant pas, ils fabriquaient des haches et des couteaux avec du silex.

Nous serions en vérité bien embarrassés si nous n'avions que des outils de cette nature. Comment s'y prendrait le menuisier pour faire les tables de l'école, les meubles et les parquets de nos maisons? Comment s'y prendrait le maçon pour élever des murs, et le charpentier pour établir les toits de nos demeures? Et vous, mes enfants, comment feriez-vous pour couper le bifteck que l'on vous servira peut-être aujourd'hui même, à votre déjeuner ou à votre dîner.

Je vous ai déjà dit qu'autrefois l'homme, au lieu de bâtir des maisons, des villages, des bourgs et des villes, habitait des grottes creusées avec effort dans la roche. Il ne cultivait pas la terre, et se nourrissait de plantes et de la chair des animaux sauvages, auxquels il faisait

une guerre acharnée et pénible avec des engins im-
parfaits. Il n'était donc pas beaucoup mieux partagé que nous.

Voici comment se fabri-
quaient ces outils à cette
époque lointaine qu'on appelle *l'âge de la pierre*. On
prenait deux morceaux de
silex, un de la main droite,
un de la main gauche. Le
premier servait de marteau,
et à l'aide de ce marteau on
frappait le second morceau
pour en détacher un éclat,
qui devenait un couteau,
une pointe de flèche, une
hache, suivant sa forme ou
sa grosseur.

Ces outils étaient toute

Fig. 198. — Hache en silex.

la ressource de l'homme primitif. Avec ces instru-

Fig. 199. — Hache emmanchée.

ments, il devait tout faire : se défendre et attaquer,
chasser les animaux féroces, couper les arbres, etc.

Jugez maintenant de la misère dans laquelle nous serions, mes enfants, si nous n'avions pas le fer, et si, comme les hommes des premiers âges, nous devions nous servir d'un morceau de silex, non seulement pour attaquer un fauve ou abattre un arbre, mais encore pour couper notre viande et débiter le bois que nous employons dans nos demeures.

Le Minerai, la Mine.

137. — Le fer se trouve dans la terre, mais non pas tel que nous l'employons.

Il fait partie de certaines roches, généralement rougeâtres, nommées *minerai*.

La plupart des autres métaux se trouvent également à l'état de minerai, d'où l'on est obligé de les extraire ; il y a donc des minerais de fer, de cuivre, de plomb, etc., que l'on tire presque tous de grandes carrières appelées *mines*.

Les ouvriers *mineurs* détachent les blocs au moyen du pic, puis les chargent sur de petits wagons que l'on roule hors de la mine.

Celle-ci se trouve parfois à de grandes profondeurs ; les ouvriers creusent alors un puits par lequel on montera le minerai dans de grands seaux ou *bennes*, attachés à une longue corde qui s'enroule sur un treuil. C'est par ce puits que les ouvriers descendent dans la mine et en remontent.

Le Haut Fourneau.

138. — Le minerai de fer est *traité* dans un énorme four appelé *haut fourneau*, espèce de tour plus large au milieu qu'à ses extrémités. A la partie supérieure se trouve une large ouverture, c'est le *gueulard*, par

lequel on introduit le minerai et le combustible nécessaire pour le fondre. On met d'abord une couche
de charbon de terre ou de coke, puis une couche de
minerai, et ainsi de suite.

Une fois le four rempli, on allume le feu et on

FIG. 200. — Haut fourneau.

l'active au moyen de puissantes machines qui envoient
de l'air et qu'on appelle *machines soufflantes*. Le minerai se *réduit*, le métal fond et tombe goutte à goutte

ou à grands jets dans la partie inférieure du haut fourneau, partie à laquelle on donne le nom de *creuset*.

La Fonte.

139. — La matière réunie dans le creuset n'est pas du fer pur, mais une combinaison de fer et de charbon : de la *fonte*. Celle-ci sort par une ouverture particulière et coule dans des rigoles pratiquées dans du sable étendu sur le sol.

La fonte est employée à faire certains objets tels que les balcons, les poêles, les gros tuyaux pour la conduite de l'eau et du gaz sous terre.

Si l'on veut employer la fonte à la fabrication d'objets plus délicats, comme des candélabres, par exemple, il faut la fondre à nouveau.

Elle est très cassante; aussi ne peut-elle être forgée comme le fer.

Le Fer.

140. — Pour transformer la fonte en *fer*, il suffit de la débarrasser de son charbon; on arrive à ce résultat en faisant passer dans la masse fondue un puissant courant d'air qui s'empare du charbon : cette opération s'effectue dans un fourneau dit *fourneau d'affinage*.

On place ensuite la masse encore toute rouge sur une grosse enclume, où elle est frappée à coups redoublés par un marteau énorme appelé *marteau-pilon* : c'est le *battage*.

Ce marteau est une masse de fer d'un poids considérable, qu'une machine fait monter et descendre avec une régularité précise et continue. Le plus lourd de ces *marteaux-pilons* battant la fonte destinée à devenir du fer est celui de l'usine du *Creusot*, dans le département de Saône-et-Loire. Quant à *l'enclume*, c'est aussi un formidable bloc de fer qui repose sur le sol.

Le fer est plus solide et plus facile à travailler que la fonte; non seulement il peut être forgé, mais d'habiles ouvriers le façonnent et en font une foule d'objets de serrurerie d'un *fini* véritable.

De plus, il peut être *soudé* à lui-même, c'est-à-dire qu'il est possible d'en réunir deux ou un plus grand nombre de morceaux après les avoir fait rougir au feu.

Quand la *soudure* est bien faite, elle est invisible.

L'Acier.

141. — Les outils, tels que les haches, les ciseaux, les couteaux, les socs de charrues, qui doivent agir par leur dureté, ne sont pas en fer pur, mais en *acier*.

Qu'est-ce donc que l'*acier?*

C'est tout simplement du fer dans lequel entre une petite quantité de charbon.

La fonte et l'acier renferment donc les mêmes éléments, mais associés dans des proportions différentes : la fonte renferme davantage de charbon.

Pour que l'acier ait encore plus de dureté, on le *trempe*.

Cette opération est très simple : après avoir fortement chauffé l'acier, on le refroidit brusquement en le plongeant dans l'eau froide pendant qu'il est encore tout rouge. *La trempe, rendant l'acier élastique et dur, lui donne les deux qualités qui distinguent ce métal.*

La Rouille des métaux.

142. — Vous connaissez tous ce qu'on appelle la *rouille*, n'est-ce pas, mes petits amis?

C'est une poussière rougeâtre qui se forme à la surface du fer quand il reste exposé à l'humidité. *La rouille ronge le fer.* Dernièrement, j'avais perdu mon couteau dans le jardin ; quand je le retrouvai, il était tout rouillé, et la lame était criblée de petits trous.

Vous savez aussi le moyen d'empêcher la rouille de se former, je vous l'ai expliqué dernièrement, quand on a peint la grille de la cour.

La peinture dont on recouvre le fer préserve le métal en l'isolant de l'air humide et de la pluie.

Il existe d'autres moyens de protéger le fer de la rouille. Le procédé qu'on emploie pour les fils télégraphiques est également très bon. Il consiste à recouvrir les fils d'un autre métal qui ne se rouille pas ou plutôt que la rouille ne peut détériorer. Ce métal préservateur, c'est le *zinc.*

Le fer ainsi recouvert d'une couche de zinc se nomme *fer galvanisé.*

L'Étamage.

143. — Un grand nombre de casseroles sont en fer, et par conséquent susceptibles de se rouiller, ce qu'il faut empêcher, car autrement elles ne seraient jamais propres. Les recouvrirons-nous d'une couche de peinture comme la grille de la cour ? Non, mais d'une mince couche d'*étain.* Nous aurons alors du *fer étamé* ou *fer-blanc.*

L'étain s'usant vite, on doit recourir de temps à autre à l'*étamage.* Ce travail consiste à étendre de l'étain fondu sur la casserole à l'aide d'un tampon d'étoupe ; pour que l'opération réussisse bien, l'objet à étamer doit être à la fois très propre et chaud.

L'ouvrier qui étame les ustensiles de cuisine se nomme *étameur.*

On fait avec le fer-blanc non seulement des casse-

rôles, mais une foule d'autres objets, tels que boîtes
à lait, seaux, plats, arrosoirs, etc.

Questionnaire. — Nommez les principaux métaux usuels. — Quel
métal devons-nous placer au premier rang? — En quoi étaient les
outils d'autrefois? — Comment les fabriquait-on? — Qu'appelle-t-on
minerai? — Comment l'extrait-on de la terre? — Qu'est-ce qu'un
haut fourneau? — Comment fait-on pour retirer le fer du minerai?
— Qu'est-ce qui sort du creuset? — Qu'est-ce que la fonte? —
Peut-on la forger? — Que fait-on avec la fonte? — Comment trans-
forme-t-on la fonte en fer? — Parlez du battage du fer. — Quels
sont les avantages du fer? — Qu'est-ce que l'acier? — Quels sont
ses avantages? — En quoi consiste la trempe? — Que savez-vous de
la rouille des métaux? — En quoi consiste l'étamage? — Quel est le
but de l'étamage?

Vingt-quatrième Leçon.

LES MÉTAUX USUELS (suite).

Le Cuivre.

144. — Vous connaissez tous le *cuivre*, qui est de couleur rouge.

Vous savez qu'on fait avec ce métal des ustensiles de cuisine : casseroles et chaudrons ; puis qu'on l'emploie au doublage des navires.

Parlons d'abord de la fabrication des casseroles et des chaudrons. C'est un travail fort curieux. On prend un bloc de cuivre venant du fourneau de fusion. A l'aide d'un énorme marteau appelé *martinet*, mis en mouvement par l'eau ou la vapeur, ce bloc de cuivre, placé sur une enclume, est frappé à coups redoublés. Il s'amincit peu à peu sous le choc plusieurs fois répété du martinet, et il finit par se creuser en un bassin informe.

Un *chaudronnier* continue l'opération en frappant, toujours sur une enclume, cette ébauche de bassin, à petits coups de marteau soigneusement étudiés, jusqu'à ce que le bloc de cuivre ait acquis la forme voulue.

C'est pour cela qu'on entend le chaudronnier frapper du matin au soir dans son atelier.

Pour achever la casserole ou le chaudron, on se sert d'un maillet en bois. De cette manière, les coups sont moins apparents sur le métal, et l'ustensile est plus beau, plus uni.

Les casseroles et les chaudrons en cuivre sont d'une belle couleur rouge ; mais ils doivent être l'objet de soins tout particuliers, car ce métal a l'inconvénient, surtout au contact de matières acides, comme le vinaigre, par exemple, de se couvrir d'une rouille verdâtre appelée *vert-de-gris*. Vous savez que le vert-de-gris est un poison. L'un de vous m'a dit avoir lu qu'un petit garçon a été empoisonné en mangeant de la soupe que sa sœur avait laissée se refroidir dans une casserole en cuivre.

Le fait est possible, mes petits amis. Pour prévenir tout danger, il est donc indispensable de recourir à l'étamage pour les ustensiles en cuivre.

Le *doublage* des navires consiste à recouvrir de cuivre la partie plongée dans l'eau. Cette précaution a pour but de préserver le bois des navires de l'attaque d'un mollusque marin appelé *taret*.

Le *taret* se loge dans le bois qu'il a percé.

Le Cuivre jaune ou laiton.

145. — Une foule d'objets, tels que chandeliers, robinets, clairons, boutons de porte, sont également en cuivre.

Ils sont pourtant jaunes et non rouges. Pourquoi cela?

C'est que le cuivre, dans ce cas, n'est pas seul; il est allié à une petite quantité de zinc. Cet alliage constitue le *laiton*, que l'on obtient en fondant les deux métaux ensemble.

Le *laiton*, vulgairement appelé *cuivre jaune* à cause de sa couleur, est un métal assez résistant.

Il a aussi l'inconvénient de se couvrir de vert-de-gris si l'on n'a pas la précaution de le nettoyer avec soin.

Le Bronze.

146. — Si, au lieu d'allier le cuivre au zinc, comme pour le laiton, on fond le cuivre avec de l'étain, on

obtient le *bronze*, avec lequel on fabrique des statues, des fontaines, des médailles, des cloches, des pendules et quantité d'autres objets.

Autrefois, avant de connaître le fer, les hommes fabriquaient des outils en bronze; mais ces outils étaient loin d'avoir la résistance de ceux en fer ou en acier.

Ajoutons qu'il existe plusieurs variétés de bronze, suivant l'usage auquel est destiné ce métal; c'est ainsi que le bronze des cloches n'est pas le même que celui des statues.

Le Plomb.

147. — Le *plomb* est un métal lourd; vous pouvez vous en assurer en le *soupesant*. Il pèse cependant beaucoup moins que l'or, qui, après le *platine*, est le plus lourd des métaux connus.

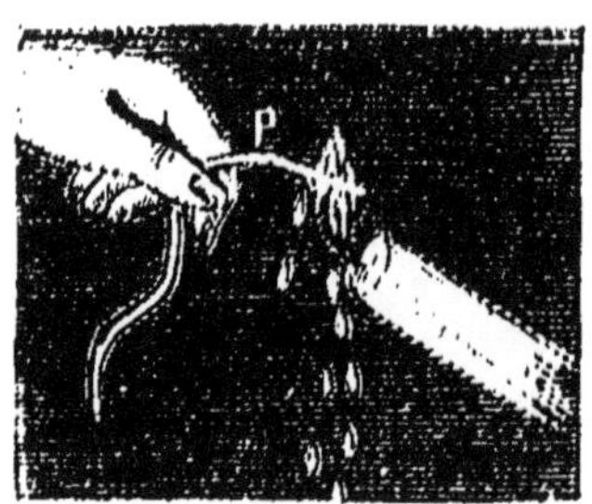

Fig. 201. — Copeau de plomb P fondant à la flamme d'une bougie.

Le plomb est tellement mou qu'on peut facilement le tordre à la main et le rayer à l'ongle. Bien que ce métal soit un violent poison, on l'emploie cependant à faire des tuyaux pour conduire l'eau à sa destination; mais on a soin de les laisser préalablement se couvrir d'une mince couche de rouille, qui est sans danger, surtout au contact de l'eau ordinaire. Le plomb sert encore à fabriquer des balles de fusil et des *grains* dits *plomb de chasse*.

Ce métal fond si facilement qu'il ne résiste même pas à la flamme d'une bougie, comme le montre la figure 201.

Le Zinc.

148. — Le *zinc* est un métal assez léger; il se rouille peu, et d'ailleurs sa rouille le préserve plutôt qu'elle ne le ronge. Aussi l'emploie-t-on à de nombreux usages, et c'est ainsi qu'on en fait des baignoires, des seaux, des arrosoirs, des gouttières pour recevoir l'eau des toits. On en fait même des toitures, qui sont très légères. Enfin, le zinc, dont la couleur tire sur le bleu, remplace avantageusement le fer-blanc.

L'Étain.

149. — Nous avons déjà vu que l'*étain* s'oxyde peu; aussi est-il employé à la fabrication de certains vases pour mesurer les liquides, tels que le vin, l'eau-de-vie, ainsi qu'à la fabrication des cuillères, des fourchettes, des timbales, enfin des feuilles minces qui servent à envelopper le chocolat.

Vous avez peut-être entendu dire que ces feuilles sont en plomb, mais cela n'est pas, fort heureusement; car le plomb communiquerait au chocolat ses propriétés malfaisantes.

Bien que l'étain serve à étamer les ustensiles en fer et en cuivre, il est impossible de fabriquer des casseroles avec ce métal, attendu qu'il fond trop aisément.

L'étain se travaille avec une grande facilité. Jadis, on trouvait dans les fermes et les châteaux des services de table entièrement en étain, d'une grande élégance et d'un beau travail.

Ces divers objets, plats, assiettes, écuelles, ne se voient plus guère aujourd'hui que dans les musées ou dans les collections d'amateurs qui attachent beaucoup de prix à ces ustensiles.

L'Or et l'Argent.

150. — Vous connaissez la couleur de l'or et de l'argent : *l'or est jaune, l'argent est blanc.*

On dit souvent que ces deux métaux sont les plus précieux de tous ; ils ont plus de prix que les autres parce qu'ils sont relativement rares et qu'ils ne s'altèrent pas à la température ordinaire. Mais il s'en faut de beaucoup qu'ils soient les plus utiles ; pour l'utilité, le fer et le cuivre occupent assurément le premier rang.

L'or se trouve généralement, à *l'état natif,* dans les sables.

L'or *natif* est celui qui se trouve dans la terre sous la forme métallique, c'est-à-dire à l'état pur.

L'argent et le cuivre se rencontrent aussi quelquefois à *l'état natif.* L'argent est, le plus souvent, associé à d'autres métaux ; le minerai de plomb, par exemple, en renferme parfois une assez grande quantité

L'or et l'argent s'allient avec le cuivre, qui leur donne de la résistance, de la dureté. Cet alliage sert à fabriquer des objets de grand prix, comme des bagues, des bracelets, des montres, des cafetières, etc., et une partie de notre monnaie.

La Monnaie.

151. — Quand vous achetez un jouet, un chapeau, un livre, que donnez-vous en échange?

De la *monnaie :* des sous, des pièces d'argent ou d'or, n'est-il pas vrai, mes petits amis?

Mais sachez qu'autrefois on n'avait ni pièces, ni sous ; la monnaie était inconnue, et il était assez difficile de s'entendre sur le prix des objets marchandés. Supposez, mes enfants, qu'il en soit de même aujourd'hui. Le pêcheur dirait au boulanger : « Combien me demandez-vous de poissons pour ce pain? » Le boulanger en demanderait un, ou deux, ou trois, suivant la valeur du pain et des poissons.

Qu'arriverait-il? que tous les habitants du village viendraient demander du pain au boulanger en lui offrant en échange les objets les plus divers.

De temps à autre, par exemple, le cordonnier donnerait une paire de souliers au boulanger, au boucher, à l'épicier, enfin à ses autres fournisseurs. Et de la sorte, au bout de l'année, l'épicier, le boucher, le boulanger, se trouveraient à la tête d'un petit magasin de chaussures dont ils seraient, j'imagine, assez embarrassés.

Vous me direz qu'à leur tour, ils pourraient offrir ces souliers encombrants au charcutier, qui leur vend bien des choses; mais le cordonnier qui, lui aussi, aurait eu besoin de lard, de graisse et de viande, lui aurait fourni déjà bon nombre de souliers. Le charcutier ne pourrait donc recevoir toutes ces chaussures en échange de sa marchandise.

Il en serait ainsi pour chaque chose, et le commerce, on le comprend, serait très difficile, sinon impossible; chacun serait fort embarrassé dans ses affaires.

Pour obvier à cet inconvénient, les hommes ont pensé qu'il serait bon d'avoir une marchandise particulière qui pût être acceptée sans aucune difficulté par tout le monde; aussi ont-ils inventé la *monnaie*, qui est cette marchandise particulière.

Pour faciliter les échanges, on a dû fabriquer des pièces de valeurs diverses, d'une forme et d'un poids déterminés.

Nous avons trois sortes de pièces : les *pièces d'or*, *celles d'argent* et *celles de bronze*.

Les pièces d'or françaises sont aujourd'hui de 100, de 50, de 20, de 10 et de 5 francs. Il en existe encore quelques-unes de 40 francs, mais on n'en frappe plus.

Celles d'argent sont de 5 francs, de 2 francs, de 1 franc, de 50 et de 20 centimes.

Celles de bronze sont de 10, de 5, de 2 centimes et de 1 centime. On dit aussi *monnaie de cuivre* ou de *billon*.

La monnaie d'or, à poids égal, a quinze fois et demie plus de valeur que la monnaie d'argent, qui elle-même en a vingt fois plus que celle de bronze.

On frappe en ce moment des pièces en *nickel* pour remplacer celles en bronze. Ces pièces ne sont pas rondes comme les autres; elles ont un contour à douze côtés.

Le nickel est un métal blanc qui ne se rouille pas et qui est d'un facile entretien. Aussi en fabrique-t-on en ce moment une foule d'objets, tels que couverts, suspensions, montres, instruments de mathématiques et de chirurgie, etc.

Enfin, le nickel est aussi employé pour recouvrir d'autres métaux moins durs ou moins brillants.

Questionnaire. — De quelle couleur est le cuivre? — Que fait-on avec le cuivre? — Comment fait-on les casseroles et les chaudrons en cuivre? — Quels sont les inconvénients des ustensiles en cuivre? — Qu'est-ce que le laiton? — Qu'est-ce que le bronze et à quoi sert-il? — Que savez-vous du plomb? — Parlez du zinc. — Dites ce que vous savez de l'étain et de l'étamage. — Quelles sont les qualités de l'or et de l'argent? — Avec quel métal allie-t-on l'or et l'argent? — Qu'est-ce que la monnaie? — Comment ferait-on ses affaires s'il n'y avait pas de monnaie? — Quelles sont les pièces d'or; — d'argent; — de bronze? — Par quoi veut-on remplacer les pièces en bronze?

IV

L'EAU

Vingt-cinquième Leçon.

L'EAU, LES TROIS ÉTATS DES CORPS

152. — Vous connaissez tous l'*eau*, mes enfants ; vous savez qu'elle se trouve en grande quantité dans la mer, les lacs, les rivières, les puits.

D'où vient donc toute cette eau? Des nuages, me direz-vous, car il me semble lire dans vos yeux. Oui, mais comment le nuage a-t-il pu se former? Telle est la question qui se pose.

Cherchons donc à la résoudre.

Examinons un morceau de glace. Il nous est facile de le faire quand même nous ne sommes pas en hiver, car on

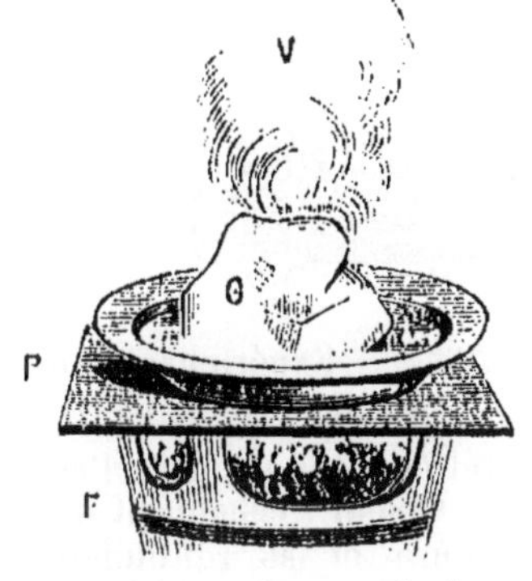

Fig. 202. — Glace en fusion.

G, glace qui fond ; — V, vapeur ; — P, plat ; — F, fourneau.

a trouvé le moyen de conserver la glace dans des constructions spéciales. D'ailleurs, on la fabrique aujourd'hui comme on fabrique un objet, ce qui fait la joie des amateurs de patinage, puisqu'ils peuvent, paraît-il, *patiner* en toute saison.

Cette glace est une *pierre*, un *corps solide*.

Chauffons-la, elle fond, se transforme en une *eau* semblable à celle que nous employons à tout instant pour nos divers besoins : cette eau est un *liquide*.

Chauffons ce liquide, il s'élève bientôt en *vapeur* : la *vapeur est un gaz*.

Ainsi, l'eau peut donc se présenter successivement à nos yeux sous *trois états différents* :

1° *L'état solide, comme la glace;*

2° *L'état liquide, comme l'eau ordinaire;*

3° *L'état gazeux, comme la vapeur.*

Ainsi, nous avons vu passer ce corps de l'état solide à l'état liquide, puis de l'état liquide à l'état gazeux; mais nous pouvons voir la contre-épreuve, c'est-à-dire le même corps passer de l'état gazeux à l'état liquide, puis de l'état liquide à l'état solide.

En effet, plaçons un objet froid, un plat par exemple, au-dessus d'une bouillotte de laquelle s'élève de la vapeur : cette vapeur se refroidit au contact du plat froid, se transforme en gouttelettes d'eau qui tombent. Recueillons ces gouttelettes et laissons l'eau exposée à l'air froid, elle redeviendra de la glace.

FIG. 203. — Expérience expliquant la pluie.

B, cafetière contenant de l'eau; V, vapeur s'échappant de la cafetière et se refroidissant au contact de l'assiette A et tombant en pluie G; F, fourneau à gaz; R, robinet; T, tuyau.

Voyage d'une goutte d'eau, formation des nuages. Pluie, Grêle, Neige.

153. — Peut-être, mes amis, avez-vous déjà entendu dire : *l'eau vient de la mer et retourne à la mer.*

Le proverbe n'est pas faux.

La mer est en effet le grand réservoir de l'eau.

Nous avons vu comment ce liquide, soumis à l'action de la chaleur d'un fourneau, devient un gaz, une vapeur. De même, sous l'action de la chaleur du soleil, l'eau de la mer, et celle qui se trouve partout à la surface de la terre, se transforme en vapeur, s'élève dans l'atmosphère et y forme un nuage, comme celui qui s'élève de la bouillotte.

Quoique ce phénomène se produise en grand, on peut supposer suivre une goutte d'eau dans son long voyage.

Si l'on comprend le voyage d'une seule goutte, on comprendra de même celui de plusieurs.

Fig. 204. — Figure montrant : La pluie en P; — la grêle en G; — la neige en N.

L'eau de la mer est liquide, vous le savez. Peu à peu, elle se transforme en vapeur, s'élève dans l'air et constitue un *nuage*.

Un nuage est donc un amas de vapeur d'eau, de gouttelettes excessivement fines.

Quand ce nuage rencontre de l'air assez froid, comme le nuage qui s'élève de la bouillotte rencontre l'asssiette, il se refroidit et se réduit en gouttelettes de plus en plus grosses qui finissent par tomber à la surface de la terre : c'est la *pluie*.

Si, dans sa chute, cette pluie traverse des couches d'air dont la température soit au-dessous de zéro, elle se *congèle* et l'on a de la *grêle*.

La *neige* se forme à peu près de la même manière que la grêle ; mais l'eau des nuages passe dans ce cas presque instantanément de l'état gazeux à l'état liquide et de l'état liquide à l'état solide.

Suivons pour l'instant l'eau qui tombe en pluie à la surface du sol. Elle coule pour former des ruisseaux, des rivières, et enfin des fleuves, et s'en va ainsi à la mer.

Il est donc juste de dire : *l'eau vient de la mer et retourne à la mer*.

Mais sachez aussi, mes amis, que toute l'eau de pluie ne coule pas à la surface du sol pour se rendre directement à la mer. Une partie se réduit immédiatement en vapeur pour recommencer sa course. Enfin, une autre partie, qui est quelquefois très importante, s'enfonce dans la terre et va alimenter les puits et les sources.

Verglas.

154. — Lorsque la pluie tombe, une partie coule immédiatement à la surface du sol, et l'autre pénètre dans la terre, avons-nous dit.

Mais parfois la surface de la terre est tellement refroidie que l'eau qui tombe se gèle subitement et forme une mince couche de glace qui s'épaissit à mesure qu'il pleut : c'est le *verglas*. Le sol devient glissant ; on ne peut plus marcher.

Le verglas se forme aussi sur les arbres et ailleurs. Les arbres en sont quelquefois si chargés que les plus grosses branches *cassent* sous leur charge de glace.

Rosée, Gelée blanche.

155. — Après la pluie, le sol est mouillé, vous le savez, mes enfants; les plantes sont couvertes de fines gouttelettes d'eau : c'est de la *rosée*. Mais souvent, le matin, il y a une abondante *rosée*, et cependant il n'a pas plu pendant la nuit.

D'où vient donc cette eau?

Après une chaude journée, quand le soleil est couché,

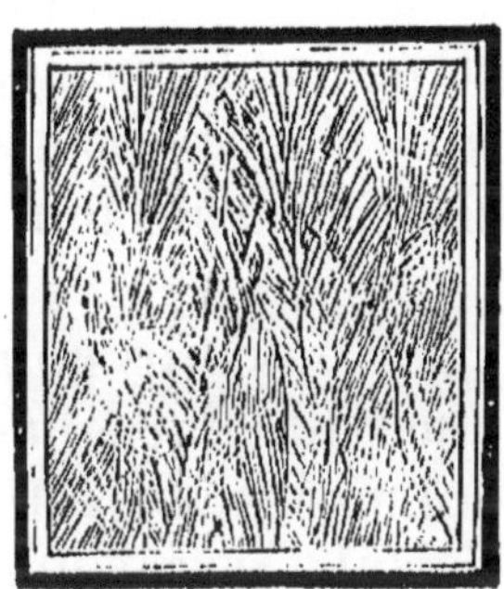

Fig. 205. — Vitre couverte de glace.

Fig. 206. — Arbres couverts de givre.

le sol échauffé continue à émettre de la chaleur dans l'atmosphère, et par conséquent se refroidit. Ainsi, le sol et les objets situés à sa surface ont bientôt perdu une partie de leur chaleur, et la vapeur d'eau contenue dans l'air se condense et forme les gouttes qui sont la *véritable rosée*, comme la vapeur d'eau de l'air de notre chambre à coucher se condense, en hiver, sur les vitres qui sont froides par suite de leur contact avec l'air du dehors.

Si le froid se fait sentir davantage, si la température

descend à zéro et au-dessous, ces gouttelettes d'eau, la rosée en un mot, se transforment en glace, et l'on a ce que l'on appelle de la *gelée blanche*, du *givre*.

Vous avez déjà dû voir, en hiver, les arbres et tous les objets couverts d'une couche blanche comme s'il avait neigé. C'est le brouillard, qui, par l'action du froid, s'est transformé en *givre*.

Il arrive que les arbres présentent un beau spectacle en temps de givre.

La neige qui tombe sur les hautes montagnes forme les glaciers.

156. — Nous savons que la vapeur d'eau qui se condense et se gèle presque instantanément forme la neige, cette neige aux blancs flocons que vous aimez tant voir tomber.

Fig. 207. - Étoile de neige.

Recueillez sur un corps noir et froid quelques-uns de ces flocons, et examinez-les avec un verre grossissant, avec une loupe, et vous verrez qu'ils sont formés de fines aiguilles de glace disposées avec symétrie en étoiles à six rayons, rarement à trois.

La neige qui tombe dans les plaines fond instantanément si la terre est humide; elle reste à la surface du sol si au contraire la terre est sèche ou gelée. Mais elle fondra aussitôt que le froid sera moins rigoureux, aussitôt que la température sera au-dessus de zéro.

Sur les hautes montagnes où il fait toujours froid, il n'en est plus ainsi; la neige s'y accumule, s'y entasse, et finit par former une couche épaisse : c'est ce que l'on nomme les *glaciers*, les *neiges éternelles*.

Il arrive qu'une masse considérable de glace se détache de la montagne, glisse sur la pente en détruisant tout sur son passage : villages, villes, forêts, etc.

C'est une AVALANCHE.

Les Glaces flottantes.

157. — Quand, sur les montagnes, la chaleur se fait

Fig. 208. — Glaces flottantes.

sentir un peu plus qu'à l'ordinaire, les glaciers fondent par la base et donnent de l'eau.

Dans les régions froides, aux pôles, les glaces fondent difficilement, et glissent parfois jusqu'au bord de la mer et s'en vont sur les eaux. Comme elles sont plus légères que l'eau, elles flottent à sa surface, et forment ce que l'on appelle les *glaces flottantes* (fig. 208).

Les Cours d'eau, la Source.

158. — Vous savez déjà, mes petits amis, ce qui se passe lorsqu'il pleut beaucoup.

Une partie de l'eau qui tombe coule tout de suite à la surface du sol, se rend dans les endroits les plus bas, et forme de tout petits filets d'eau, dont plusieurs se réunissent pour former des courants plus importants :

ruisseaux, rivières, fleuves. Elle se rend enfin à la mer, d'où elle s'était élevée à l'état de vapeur.

L'autre partie de la pluie pénètre dans la terre et s'y enfonce jusqu'à ce qu'elle rencontre une couche d'argile ou terre grasse pour lui barrer le passage et l'obliger à couler ou à stationner à sa surface. La masse d'eau qui

Fig. 200. — Source en D.

D, B, A, C, G, D, sable que l'eau traverse. Cette eau ne peut pénétrer dans l'argile D, G, C, E, F, et coule à sa surface.

se trouve ainsi profondément dans la terre s'appelle *nappe d'eau*. Lorsque cette eau trouve une issue pour sortir de la terre, elle coule à la surface du sol, et donne naissance à un cours d'eau : c'est une *source*.

Quand la neige des glaciers fond, la même chose se produit. L'eau, coulant quelquefois abondamment, forme, sur les pentes fortement inclinées, des courants rapides, des *torrents*, parfois dévastateurs.

Une partie de l'eau produite par la fonte du glacier peut également s'infiltrer dans le sol. Enfin, où elle arrive au jour, on a encore une source.

Le Puits.

159. — Dans les pays où il n'y a ni sources ni cours d'eau, il faut se procurer l'eau nécessaire aux besoins

du ménage, aux animaux, et aux plantes qui en réclament au moment où les pluies se font longtemps attendre. On perce un trou dans la terre jusqu'à ce qu'on atteigne la nappe d'eau ou un courant souterrain.

Ce trou profond est un *puits*, duquel on tire l'eau au moyen de seaux ou à l'aide d'une pompe.

Les Inondations et leurs ravages.

160. — Le cours d'eau est généralement bienfaisant pour les pays qu'il arrose; la vallée qu'il parcourt est souvent très fertile, et lui doit parfois la plus grande partie de sa richesse.

En effet, mes enfants, c'est l'eau qui entretient la vie de toutes ces plantes si utiles à l'homme et aux animaux.

Mais ce cours d'eau est quelquefois bien terrible. Quand ses eaux débordent, elles font beaucoup de mal; il y a *inondation*.

Les inondations sont généralement redoutables. Elles se produisent principalement aux époques des fortes pluies, en automne, en hiver et au printemps. Les eaux sortent de leur *lit*, se répandent dans la plaine en détruisant tout : villages, villes, récoltes, etc.

Dans les pays traversés par des cours d'eau qui prennent naissance dans les glaciers, elles se produisent à la fin du printemps et en été, lorsque le soleil fait fondre ces glaces.

Il y a donc des inondations en toute saison.

Questionnaire. — Quels sont les trois états des corps? — Parlez de la transformation de l'eau. — Comment se forment les nuages? — D'où vient la pluie; la grêle; la neige? — Qu'est-ce que le verglas? — Comment se forme la rosée? — Qu'est-ce que la gelée blanche? — Qu'appelle-t-on glacier? — Comment se forment les glaciers? — Qu'est-ce qu'une avalanche? — Qu'appelle-t-on glaces flottantes? — Comment se forment les cours d'eau? — Qu'est-ce qu'une source? — Qu'est-ce qu'un puits? — Dites ce que vous savez des inondations.

Vingt-sixième Leçon.

UN LITRE D'EAU DONNE PLUS D'UN LITRE DE GLACE

161. — Ce qui nous reste à étudier sur le chapitre de l'eau, mes amis, est bien plus amusant que la partie déjà passée en revue. Nous aurons l'occasion de faire quelques expériences, et nous commencerons par la suivante.

Je mets un morceau de glace dans l'eau de ce vase. Il ne tombe pas au fond, vous le voyez; il surnage. Pourquoi cela? Parce que la glace est moins lourde que l'eau. Cela peut paraître étrange, puisque la glace est de l'eau. Il faut donc que le liquide augmente de volume en se convertissant en glace. C'est bien là ce qui arrive, en effet. Une carafe remplie d'eau se brise si le liquide qu'elle contient vient à geler.

Ainsi un litre d'eau donne plus d'un litre de glace : ce qui explique pourquoi les glaces flottent à la surface des mers, des lacs, des fleuves, des rivières.

Il est très heureux qu'il en soit ainsi, car, si la glace était plus lourde que l'eau à l'état liquide, elle tomberait au fond des mers, des lacs, des fleuves, des rivières, à mesure qu'elle se formerait, et bientôt, pour peu que le froid durât, nous n'aurions plus d'eau liquide, mais seulement de la glace. En effet, voyez quand il gèle ce qui se passe dans une mare, un vase contenant de l'eau : c'est à la surface que se forme d'abord la glace; puis celle-ci gagne en profondeur si le froid dure.

Supposez, mes amis, qu'une première couche de glace tombe au fond de la mare, puis une deuxième, une troisième, une quatrième, et ainsi de suite. Bientôt toute l'eau de la mare ne formerait plus qu'un énorme bloc de glace.

Il n'en est pas ainsi fort heureusement.

Formation de la glace.

162. — La glace est de l'eau solidifiée, nous le savons; mais, pour qu'elle se forme, il faut que la température du lieu s'abaisse à zéro, et au-dessous.

Pour voir se former la glace, il suffit, lorsqu'il gèle, de mettre un peu d'eau dans une assiette, que l'on expose à l'air froid. On doit en mettre juste assez pour couvrir le fond de l'assiette.

On voit d'abord quelques fines *aiguilles de glace* apparaître; d'autres aiguilles se forment, croisent les premières sous des angles déterminés, et ainsi de suite. Ces aiguilles de glace deviennent de plus en plus nombreuses, *s'enchevêtrent* pour ainsi dire à l'infini, et leur ensemble forme une mince lame de glace, dans laquelle la disposition des aiguilles ou cristaux n'est plus visible à l'œil nu.

Cette lame augmente d'épaisseur si le froid continue à se faire sentir, et si l'épaisseur de la couche d'eau le permet.

La forme cristalline de la glace est surtout visible quand l'épaisseur de la couche d'eau est très faible, comme cela se voit sur un sol battu et mouillé, le bitume, les vitres, etc., où l'œil est frappé de la beauté des dessins qui sont d'une forme régulière, et représentent parfois des feuilles de fougère ou d'autres plantes.

Les Vases communicants.

163. — Je veux vous montrer quelque chose que

vous avez déjà vu plusieurs fois, mes enfants, mais à quoi vous n'avez peut-être jamais réfléchi.

Je puis prendre une règle, un livre, une planche, et l'incliner comme l'est le dessus de vos tables, vous le voyez.

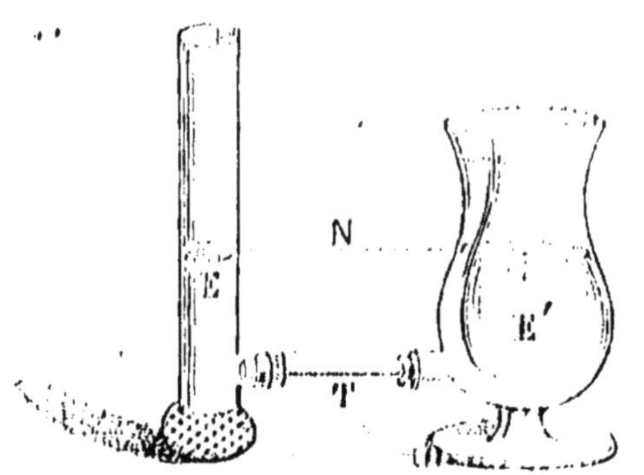

FIG. 210. — Vases communicants.

Les vases E et E' communiquent ensemble par le tuyau T. Le niveau de l'eau est en N dans les deux.

A présent, je vais pencher une bouteille à moitié remplie d'eau... La surface du liquide est-elle inclinée ou horizontale ? Elle est horizontale, et il est impossible de lui faire prendre une autre position sans la laisser couler. C'est que la surface d'une eau *tranquille* est toujours horizontale.

Retenez bien ceci, mes enfants.

Faisons une autre expérience.

Voici un tube en verre deux fois courbé.

Je verse de l'eau dans l'une des branches. Vous voyez que le liquide monte dans l'autre branche, et s'y trouve à la même hauteur que dans la première.

C'est que l'eau, de même que tous les liquides, d'ailleurs, cherche toujours à *se mettre de niveau* dans tous les vases qui communiquent entre eux.

Autrement dit, le liquide s'élève toujours à la même hauteur dans tous les vases qui communiquent entre eux, quelles qu'en soient la forme et la grandeur.

Cette expérience s'appelle *expérience des vases communicants.*

Les Jets d'eau et les Puits artésiens.

164. — Nous allons à présent, mes enfants, nous servir de deux tubes en verre réunis par un tube en caoutchouc.

Que l'un de vous verse de l'eau dans le petit entonnoir placé sur l'un des tubes en verre, pendant que je tiendrai le tout de mes deux mains...

Vous le voyez, l'eau est encore de niveau dans les deux tubes en verre.

A présent, je baisse le tube qui n'a pas l'entonnoir. L'eau en sort par le haut et jaillit. Nous avons un *jet d'eau*. *Le liquide tend à se mettre de niveau.*

Supposez le vase et l'entonnoir

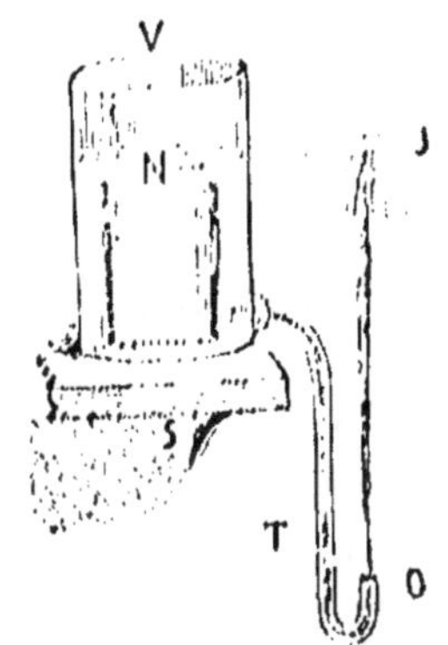

Fig. 211. — Principe des jets d'eau.

V, réservoir; N, niveau de l'eau; S, support du réservoir; T, tuyau; OJ, jet d'eau.

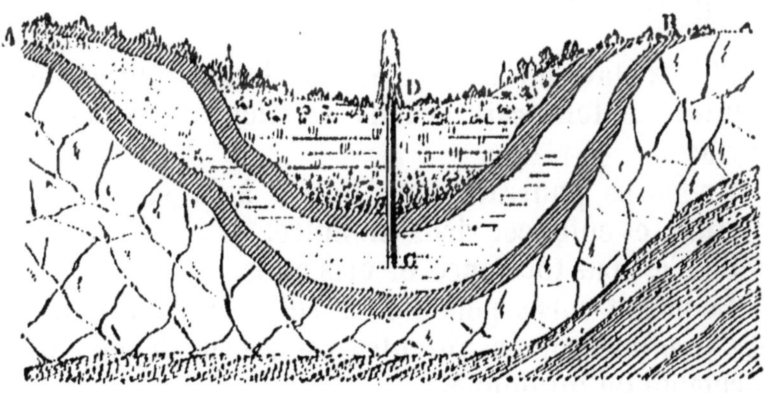

Fig. 212. — Puits artésien.
L'eau pénètre dans le sol en A et en B, et se trouve entre deux lits d'argile; elle monte de C en D.

qui nous servent à verser l'eau, remplacés par un réservoir, un *bassin*, et vous aurez un *jet d'eau* comme ceux de nos jardins publics.

Le principe des *puits artésiens* est le même que celui des vases communicants et des jets d'eau. Les tubes sont remplacés par une couche d'argile sur laquelle l'eau coule, et par le trou que l'on creuse, le *puits*, en un mot.

Les corps plus légers que l'eau flottent à sa surface.

165. — Nous allons à présent faire une nouvelle expérience.

Voici un vase en verre rempli d'eau.

Plaçons une bille sur cette eau, et lâchons-la. Elle tombe au fond. Pourquoi? Vous le savez tous, c'est parce qu'elle est plus lourde que l'eau, ou, si vous aimez mieux, un litre de billes pèse plus qu'un litre d'eau.

Jetons-y maintenant un bouchon de liège; il s'enfonce très peu; il flotte à la surface : c'est qu'il est plus léger que l'eau.

S'il existait un liquide moins lourd que le liège, celui-ci enfoncerait dedans au lieu de rester à sa surface.

Un corps pourrait donc flotter à la surface d'un liquide, et enfoncer dans un autre.

Ce n'est pas tout encore, mes amis.

Le même corps peut flotter sur l'eau dans un cas, et s'y enfoncer dans un autre cas : cela dépend de la forme qu'on lui donne.

Voici deux morceaux de ce papier d'étain dont on se sert pour envelopper le chocolat; ils sont de même grandeur et de même épaisseur, et par conséquent de même poids.

Je fais du premier une *boulette* que je maintiens sur l'eau. Je la lâche, elle tombe au fond.

Je façonne la deuxième en un petit bateau, que je pose sur le liquide où il reste. De plus, je peux mettre dessus certains petits objets qui par leur propre poids tomberaient au fond de l'eau, et cependant le bateau ne s'enfonce pas.

La boulette que vous avez vue tomber au fond de l'eau, placée dessus, ne le fait même pas enfoncer.

FIG. 213. — Flottage.

Pièce de bois en partie enfoncée dans l'eau, en partie au-dessus de l'eau.

Ceci vous explique pourquoi les bateaux et les navires qui sont garnis d'épaisses plaques de métal, et en même temps chargés de matériaux beaucoup plus lourds que l'eau, ne s'enfoncent pas.

La forme du corps est donc pour quelque chose dans la question du *flottage*.

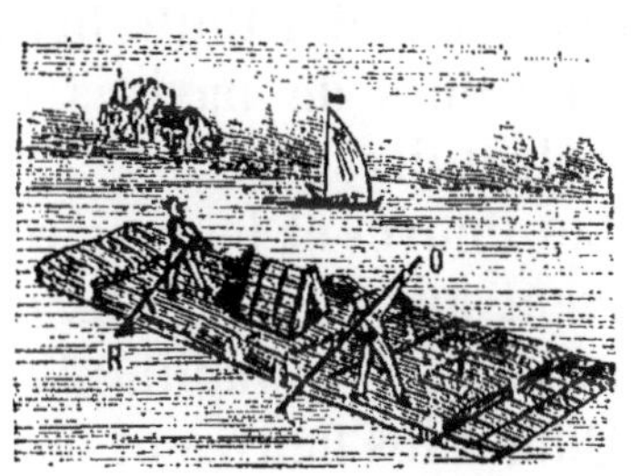

FIG. 214. — Radeau.

La Navigation.

166. — Nous avons dit que l'eau est très utile à l'homme, aux animaux et aux végétaux. Nous pouvons même ajouter qu'elle leur est indispensable. Sans eau, pas de vie possible sur notre globe.

Voici comment Fénelon, qui vécut de 1651 à 1715, a parlé de ce liquide :

« L'eau désaltère non seulement les hommes, mais encore les campagnes arides, et Dieu qui nous a donné ce corps fluide l'a distribué avec soin sur la terre, comme les canaux d'un jardin. Les eaux tombent des hautes montagnes où leurs réservoirs sont placés; elles s'assemblent en gros ruisseaux dans les vastes campagnes pour les mieux arroser; elles vont enfin se précipiter dans la mer, pour en faire le centre du commerce de toutes les nations. Cet Océan, qui semble être mis au milieu des terres pour en faire une éternelle séparation, est au contraire le rendez-vous de tous les peuples, qui ne pourraient aller par terre d'un bout du monde à l'autre qu'avec des fatigues, des longueurs et des dangers incroyables. »

En effet, mes amis, les mers sont le *trait d'union* entre tous les peuples de la terre.

Aujourd'hui elles sont sillonnées dans toutes les directions, et à toute heure du jour et de la nuit, par des milliers de navires qui transportent passagers et marchandises.

Les fleuves et les rivières, ces *chemins qui marchent*, servent aux mêmes fins entre les citoyens d'une même contrée, ou les habitants de deux contrées voisines.

Quand les fleuves et les rivières creusés par la nature ne suffisent pas, on creuse des rivières et des fleuves *artificiels*, que de nombreux bateaux parcourent aussi à toute heure pour transporter les marchandises.

Ces cours d'eau artificiels se nomment *canaux*.

L'eau fait tourner le moulin.

167. — Ce n'est pas tout, l'eau peut nous rendre bien d'autres services encore.

En coulant dans le lit du fleuve, ou de la rivière, ou du ruisseau, elle *fait* souvent tourner une roue qui communique le *mouvement* à tout un système de roues, lesquelles, à leur tour, transmettent ce *mouvement* à d'autres, et permet ainsi de *faire* beaucoup de besogne avec peu d'hommes.

C'est ainsi qu'elle *fait* tourner le moulin qui sert à moudre le blé, matière première de notre pain.

Quand elle tombe d'une certaine hauteur, elle peut *faire mouvoir* de puissantes machines.

Je m'arrête ici, mes amis, sur le rôle de l'eau, car il faut en prendre son parti quand on parle de ce liquide.

Je ne peux avoir la prétention de vous dire tout ce qu'il y a à dire sur son compte.

Dans l'étude des choses de la nature, le chapitre de l'eau est un chapitre sans fin.

Je terminerai l'étude de l'eau par un mot sur le *sel de cuisine*, dont l'histoire est entièrement liée à celle de ce liquide.

Le Sel.

168. — Le *sel*, vous le savez, mes amis, est une matière minérale, une sorte de pierre d'une saveur particulière et très prononcée. Il est abondamment répandu dans la nature.

On l'extrait soit des eaux de la mer et des sources salées, soit de la terre d'où on le retire en blocs, comme la pierre à bâtir.

Mettez dans une assiette de l'eau douce, c'est-à-dire de l'eau non salée provenant directement de la pluie, ou du puits, ou de la fontaine; jetez-y une poignée de sel. Au bout d'un instant, le sel ne sera plus visible; il sera *dissous* dans l'eau et lui aura communiqué sa saveur. Cette eau sera salée comme celle de la mer.

Voulez-vous maintenant recueillir le sel que vous lui avez ajouté? Mettez votre assiette sur le feu, ou exposez-la simplement aux rayons d'un soleil ardent, si c'est en été: au bout d'un certain temps, l'eau aura disparu; elle se sera évaporée, seul le sel restera dans le vase.

Sel marin.

169. — Ce que vous avez fait en petit se pratique en grand au bord de la mer pour extraire le sel des eaux marines. Votre assiette est remplacée par des bassins peu profonds, séparés les uns des autres par de petits murs ou *marchepieds*, et dans lesquels on fait arriver l'eau de la mer pour la laisser ensuite s'évaporer.

Le liquide arrive dans un premier bassin plus profond que les autres et nommé *vasière*.

Devenue claire, l'eau est ensuite envoyée dans les bassins où elle s'évapore sous l'action des rayons du soleil; sur l'aire des bassins reste le sel, que l'on recueille avec un instrument spécial.

L'endroit où l'on extrait le sel des eaux de la mer se nomme *marais salant*. En France il y a des *marais salants* sur le bord de l'Océan et de la Méditerranée.

Sel gemme.

170. — Le sel que l'on retire de la terre sous forme de pierre se nomme *sel gemme* ou *en pierre*.

S'il est pur, on n'a qu'à broyer la pierre; mais presque toujours il est mélangé d'autres matières dont il faut le débarrasser, ce qui se fait par divers procédés;

mais toujours il faut faire fondre le sel dans l'eau pour l'en retirer ensuite.

Le sel gemme est généralement plus blanc que le sel marin, et les principales mines desquelles on le retire, sont celles de Wœliczka en Pologne. La France en possède également quelques-unes, situées pour la plupart dans le Nord-Est.

Le sel est indispensable à notre alimentation. Il est aussi fort goûté des animaux, et c'est un excellent amendement pour certains sols qui n'en contiennent pas assez.

Questionnaire. — L'eau augmente-t-elle ou diminue-t-elle de volume en se transformant en glace? — Est-il bon que la glace se forme à la surface de l'eau? — Comment se forme la glace? — Où peut-on la voir se former? — Que savez-vous sur la surface d'une eau tranquille? — Dites ce que vous savez sur les vases communicants? — Comment expliquez-vous le principe des jets d'eau et des puits artésiens? — Pourquoi un bouchon de liège flotte-t-il sur l'eau? — Ne peut-on pas faire flotter sur l'eau un corps plus lourd qu'elle? — Qu'est-ce que la navigation? — L'eau peut-elle mettre des machines en mouvement? — Qu'avez-vous à dire sur le sel?

V

L'AIR

Vingt-septième Leçon.

L'AIR

171. — Si vous avez un verre rempli d'eau, de vin ou de tout autre liquide, et que vous en versiez le contenu, sera-t-il ensuite vide ou plein?

Il sera vide du liquide, mais *l'air* le remplira entièrement. Il en serait de même d'une bouteille, d'un vase quelconque.

L'air est donc un corps.

Prenons un petit *ballon à sifflet*, complètement vide. Soufflons dedans..., il gonfle: c'est l'air que nous y introduisons, qui le gonfle.

Encore une fois, *l'air est donc un corps*; c'est un gaz comme la vapeur d'eau.

Il passe par la plus petite issue, et n'est visible que sous une grande épaisseur. Dans un vase, dans une chambre même, il est *invisible;* mais, quand vous regardez au loin, les montagnes et les arbres vous paraissent bleus : c'est l'air placé entre vous et ces objets, qui a cette couleur.

Nous sommes toujours dans l'air, sans quoi nous ne pourrions vivre.

Soufflons légèrement la flamme d'une bougie, elle

s'incline : c'est le fait de l'air. Soufflez sur votre main, vous sentez *quelque chose qui glisse* dessus : c'est de l'air que vous avez mis en mouvement, c'est du vent, comme on dit ordinairement.

L'air comprimé a une grande force. Expérience du pistolet à bouchon.

172. — Voici, mes amis, un tube en verre, qui est ouvert aux deux bouts. Y a-t-il de l'air à l'intérieur? Oui, assurément.

Je prends une baguette en bois, entourée d'un peu de filasse à l'une de ses extrémités, de manière qu'elle remplisse exactement, tout en glissant bien, l'intérieur du tube dans lequel je l'introduis. Cette baguette est un *piston*.

L'air du tube, pouvant sortir par l'extrémité opposée à celle par laquelle entre le piston, n'oppose aucune résistance à la marche de celui-ci.

Retirons le piston. Bouchons à présent fortement l'une des extrémités du tube, et introduisons de nouveau le piston dans le tube par l'autre extrémité. Il s'enfonce d'abord sans difficulté, puis avec moins de facilité. Enfin, la résistance augmente peu à peu, à mesure que le piston avance. Pourquoi cela? Parce que l'air emprisonné, qui a diminué de volume à mesure que l'espace compris entre le bouchon et le piston a diminué de longueur, et par conséquent de volume aussi, ne peut plus diminuer sous la pression que j'exerce en ce moment.

Car, sachez bien, mes enfants, qu'il y a toujours dans le tube le même poids d'air qu'il y avait au moment où j'y ai introduit le piston la dernière fois.

Si j'exerce un effort plus grand sur le piston, le *bouchon partira*, ou le tube éclatera.

Comme j'ai choisi un tube très fort, je peux pousser sans crainte de le faire éclater...

Le bouchon est parti ; et cependant le piston n'était pas arrivé jusqu'à lui.

Qu'est-ce donc qui a pu chasser le bouchon ? C'est l'air comprimé et pressé par le piston.

D'après ce que vous venez de voir, mes petits amis,

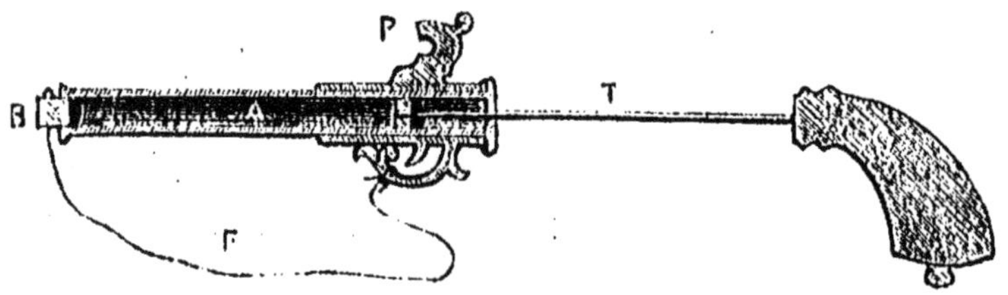

Fig. 215. — Pistolet à bouchon.

A, espace rempli d'air ; — B, bouchon retenu par la ficelle F ; — C, crosse avec une tige T terminée par un piston.

il vous est facile de comprendre pourquoi la balle de votre *pistolet à bouchon* part avant que la baguette soit complètement enfoncée, et pourquoi le bruit est plus fort lorsque vous soufflez dans le canon après avoir placé la balle et avant d'y mettre le piston.

En soufflant, vous emprisonnez une bien plus grande quantité d'air.

L'air emprisonné dans le canon, et *comprimé* entre le piston et la balle, agit comme un ressort et chasse la balle.

Une même quantité d'air occupe toujours tout l'espace qu'on lui donne : c'est vous dire que ce corps est susceptible d'augmenter et de diminuer de volume.

Aussi dit-on que *l'air est élastique, compressible.*

L'air exerce une pression sur les corps.

173. — La terre est entourée d'une épaisse couche d'air, vous le savez, mes enfants. Et lorsque vous dites : *Le ciel est bleu*, vous devriez dire : *L'air est bleu*, car c'est l'air qui a cette couleur.

Et quand il a une couleur différente, celle-ci est généralement due à de la vapeur d'eau.

L'air, étant un corps, est pesant, et doit, par conséquent, exercer une pression sur la terre et les objets situés à sa surface. C'est en effet ce qui a lieu.

L'air pèse tellement sur les corps qu'il exerce sur moi en ce moment une pression égale à 18 000 kilogrammes environ. Ce poids est celui d'une voiture chargée de fer, et que six ou sept chevaux auraient peine à traîner.

L'un de vous peut supporter à cette heure même environ 10 000 kilogrammes. Vous ne vous saviez pas si forts, vous qui ne pouvez pas porter un seau d'eau de 20 kilogrammes.

Pour vous faire comprendre comment vous pouvez supporter un poids d'air si considérable, je vais vous rappeler ce qui s'est passé ici en présence de vous tous.

Hier, pendant la récréation, la porte s'est trouvée ouverte, et Jules a voulu la fermer, ce qu'il faisait sans peine en la poussant d'une main.

Arrive Gaston qui veut l'en empêcher. Voilà nos deux hommes qui se mettent un de chaque côté de la porte à moitié ouverte. Ils poussent l'un et l'autre de toutes leurs forces, et la porte ne se ferme ni ne s'ouvre davantage.

Pourquoi ? Parce que Jules et Gaston, étant de même force, poussaient la porte aussi fort l'un que l'autre.

L'effort de l'un était détruit par l'effort de l'autre, et la porte, également poussée des deux côtés, se trouvait comme si elle n'eût pas été poussée.

J'ai permis cette petite lutte pour que vous compreniez mieux la leçon d'aujourd'hui.

Nous sommes, par rapport à l'air, dans le même cas que l'était la porte par rapport à Jules et à Gaston.

Pressés de tous les côtés, aussi bien à l'intérieur du corps qu'à l'extérieur, nous sommes comme si nous ne l'étions d'aucun côté.

Voilà pourquoi, mes enfants, vous supportez sans vous en apercevoir 10 000 kilogrammes d'air environ, et moi, 18 000 kilogrammes.

Questionnaire. — Est-ce que l'air est pesant? — Occupe-t-il de la place? — De quelle couleur est-il? — L'air comprimé a-t-il une grande force? — Quelle expérience feriez-vous pour montrer cette force? — Que signifie : L'air est élastique, compressible? — L'air exerce-t-il une pression sur les corps? — A combien de kilogrammes environ équivaut la pression exercée par l'air sur moi en ce moment? — Et sur vous? — Comment pouvons-nous supporter une telle pression?

Vingt-huitième Leçon.

EXPÉRIENCE DE LA CARAFE

174. — Nous commencerons la leçon d'aujourd'hui, mes enfants, par une expérience facile à faire et très intéressante, qui a, comme la précédente, pour but de démontrer la *pression* de l'air.

Après celle-ci, nous en ferons une série d'autres sur le même sujet.

Voici une carafe débouchée, et remplie d'air, comme vous le savez, puis un œuf cuit à la coque et durci, que je débarrasse de sa coquille.

Je le place, la pointe en bas, sur

Fig. 216, 217. — Expérience de la carafe.

C, carafe ; — P, papier qui brûle ; — F, fumée ; — œ, œuf débarrassé de sa coquille ; — c', carafe dans laquelle l'œuf œ' est entré.

l'ouverture de la carafe. Pensez-vous qu'il puisse entrer dedans ?

Non, n'est-ce pas ? Il est beaucoup trop gros.

Eh bien, vous êtes dans l'erreur, si telle est votre pensée. Il y entrera, et cela sans que j'aie besoin d'appuyer dessus, ni même d'y toucher, une fois qu'il sera placé.

Je retire l'œuf... Je brûle du papier dans la carafe... et replace l'œuf sur l'ouverture, comme tout à l'heure. Attention !... Il entre... Ah ! vous avez eu peur.

Il n'était donc pas trop gros, puisqu'il est entré. Comment cela s'est-il fait?

C'est qu'il a été poussé par une bonne fée, sans doute. Non. Mais voici comment cet œuf a pu pénétrer par une ouverture aussi petite que l'est celle de la carafe.

La première fois que je l'ai placé sur l'ouverture de la carafe, il était poussé avec une égale force par l'air de la carafe et par l'air du dehors ; ce qui l'a empêché de descendre.

Le feu de papier que nous avons fait dans la carafe a chauffé l'air qu'elle contenait, l'a rendu plus léger, l'a fait augmenter de volume et en a chassé une certaine partie.

Au moment où celle-ci contenait moins d'air qu'auparavant, j'ai placé sur l'ouverture l'œuf qui l'a bien bouchée *tout de suite*, attendu que l'air extérieur *a poussé* plus fort que l'air intérieur.

La *pression* extérieure a donc été plus forte que la pression intérieure, et *l'œuf a été poussé* de haut en bas avec une force égale à la différence des *deux pressions*, des *deux poussées*. Voilà pourquoi il est entré.

C'est encore là une preuve de la *pression de l'air*.

Autres preuves de la pression de l'air.

175. — Une autre preuve de la pression de l'air est la suivante :

Couvrons d'une feuille de papier un verre complètement rempli d'eau, et ceci de manière que le papier adhère bien au bord du verre et à la surface du liquide.

Posons un livre cartonné sur la feuille de papier. Renversons le verre sens dessus dessous. Enlevons le livre. La feuille de papier, *pressée* par l'air, c'est-à-dire par l'atmosphère, empêche l'eau de tomber.

Faisons encore l'expérience suivante :

Je verse dans une assiette un peu d'eau sur laquelle je place une feuille de papier légèrement froissée que j'enflamme au moyen d'une allumette. Je couvre d'un verre renversé le papier enflammé.

Le feu s'éteint après avoir chauffé l'air enfermé sous

FIG. 218, 219. — Expérience. — V, liquide ; — P, papier.

le verre. Cet air chauffé augmente de volume, sort en partie de dessous le verre, et l'eau de l'assiette, pressée par l'air atmosphérique, monte dans le verre.

Comment l'eau monte dans le tuyau de la pompe.

176. — Bien des fois déjà, mes enfants, j'ai entendu des personnes demander comment l'eau monte dans le tuyau d'une pompe. Je vais essayer de vous le faire comprendre.

C'est la pression de l'air qui fait monter l'eau dans le tuyau d'une pompe.

Voici une petite *seringue* connue sous le nom de *compte-gouttes :* c'est, vous le voyez, un tube en verre terminé en pointe, et dans lequel on peut mettre un piston.

En ce moment, le tube est plein d'air.

J'y introduis le piston, qui s'enfonce jusqu'à l'extrémité opposée à celle par laquelle il est entré, en chassant l'air devant lui.

Si le bout effilé du tube était fermé, vous savez ce qui arriverait : le piston ne pourrait avancer sans chasser le bouchon, ou sans briser le verre.

A présent, je retire le piston peu à peu, et l'air entre

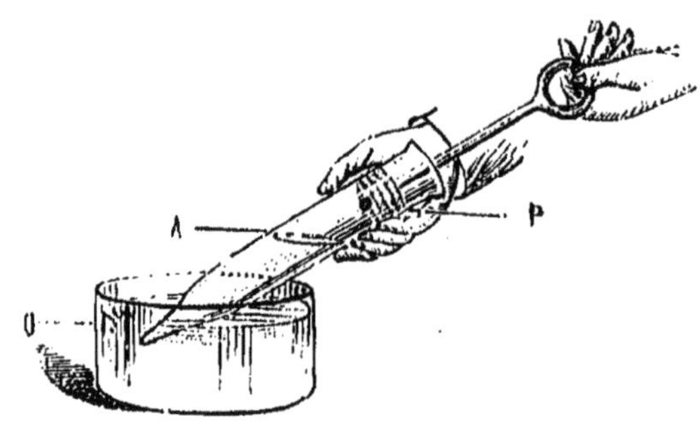

Fig. 220. — Petite seringue pour montrer l'amorcement d'une pompe.

O, vase contenant du liquide ; — A, niveau du liquide dans la seringue ; — P, piston.

à son tour dans le tube par l'extrémité effilée. J'enfonce à présent le piston jusqu'au fond du tube, et plonge dans l'eau le bout effilé.

Je retire lentement le piston. Que se passe-t-il ?

L'eau monte dans le tube. Ce qui a fait dire autrefois : *l'eau a horreur du vide.*

Il n'en est rien. C'est la pression de l'air sur la surface de l'eau du vase, qui fait monter le liquide dans la seringue.

Pour que vous voyiez mieux, j'ai coloré l'eau avec un peu de vin rouge.

Si maintenant je pousse le piston, l'eau sort par où elle est entrée.

Ce qui se produit ici en petit, se produit en grand dans le tuyau de la pompe du puits.

Servons-nous à présent d'un long tube muni d'une ouverture sur le côté.

Le trou du côté étant fermé par un bouchon, je remplis le tube comme tout à l'heure j'ai rempli la seringue.

Celui-ci étant plein d'eau, je bouche l'ouverture de l'extrémité inférieure pour empêcher le liquide de s'écouler par là.

Je presse sur le piston pendant que Maurice enlève le bouchon situé sur le côté du tube.

Vous voyez que l'eau sort par cette ouverture.

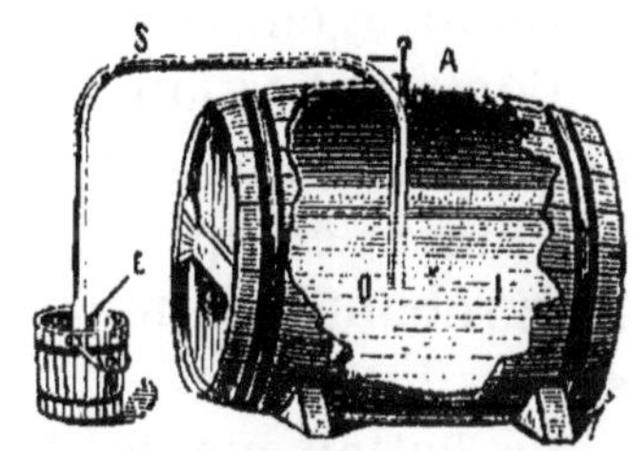

Fig. 221. — Siphon pour transvaser les liquides.

I, liquide du tonneau ; — O, E, extrémités du siphon S ; — A, tuyau pour amorcer le siphon.

La même chose a lieu dans la pompe du puits, où les ouvertures du tuyau sont munies de *petites portes* appelées *soupapes*, ce qui permet à la pompe de fonctionner régulièrement.

C'est encore la pression de l'air qui fait monter le liquide dans le *siphon* dont on se sert pour transvaser le vin et les autres liquides, c'est-à-dire pour les changer de vase.

C'est encore la pression de l'air qui fait monter le liquide dans les *pipettes* dont on se sert pour prendre un échantillon de vin par le trou de bonde d'un tonneau.

Questionnaire. — Dites en quoi consiste l'expérience de la carafe. — Que prouve cette expérience ? — Comment fait-on l'expérience du verre d'eau renversé ? — Pourquoi la feuille de papier ne tombe-t-elle pas quand le verre est renversé ? — Qu'est-ce qui fait monter l'eau dans la pompe ?

Vingt-neuvième Leçon.

LES BALLONS OU AÉROSTATS

177. — Les hommes ont trouvé le moyen de traverser les rivières et les fleuves sans ponts, et les forêts sans routes, à la manière des oiseaux.

Ils voyagent en ballon.

Comment se fait-il qu'un ballon s'élève dans l'air? ai-je souvent entendu dire.

Vous le comprenez sans doute, mes amis, vous qui avez retenu ce que je vous ai dit sur la combustion et sur les liquides.

Le ballon monte dans l'atmosphère parce qu'il est moins lourd que le volume d'air qu'il déplace.

Voici un petit ballon, un jouet. Il s'élève dans la classe parce qu'il est plus léger que l'air déplacé par lui. Il est rempli d'un gaz nommé *hydrogène*, qui est moins lourd que l'air.

En voici un autre rempli d'air. Si je le lâche, il tombe sur le plancher au lieu de s'élever. Pourquoi?

Parce qu'il est plus lourd que le volume d'air qu'il déplace : il pèse plus qu'un volume d'air égal au sien.

La réflexion est utile.

178. — Lorsqu'il y a un bon feu dans la cheminée, mettez une feuille de papier au-dessus du brasier, et lâchez-la. Qu'arrivera-t-il?

Vous le savez déjà. Elle s'élèvera dans la cheminée : ceci a dû vous arriver quand vous avez voulu faire brûler une feuille de papier. L'air chaud l'a entraînée avec lui.

Il y a un peu plus de cent ans, c'était en 1783, deux frères, Joseph et Étienne Montgolfier, fabricants de papier à Annonay, dans le département de l'Ardèche, après avoir constaté que l'air chaud s'élève, conçurent l'idée de construire un ballon. Ils le firent en toile, le recouvrirent de papier, et lui firent une large ouverture.

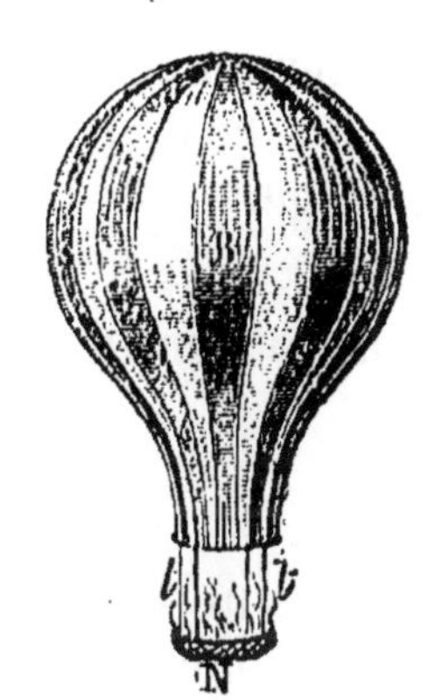

Ils allumèrent sous le ballon un grand feu de paille. L'air chaud monta dedans, en chassa l'air froid qui, plus lourd, tendait à descendre.

Le ballon devint plus léger que le volume d'air dont il occupait la place, s'éleva dans l'atmosphère au

Fig. 222. — Montgol-fière.

grand étonnement de tous les spectateurs. Les ballons étaient inventés.

On les appela des *montgolfières*, du nom des inventeurs.

Pilâtre de Rozier et le marquis d'Arlandes en ballon.

179. — Les ballons inventés, on voulut savoir si la vie était possible dans les régions où s'élevaient ces *bateaux* d'un nouveau genre.

Avant de se risquer, les hommes attachèrent sous le ballon un panier en osier, une *nacelle*, dans laquelle ils placèrent des animaux. Ceux-ci revinrent de leur voyage aérien aussi bien portants qu'ils étaient partis.

Deux hommes, Pilâtre de Rozier et le marquis d'Arlandes, prirent ensuite place dans une nacelle et partirent sur cette *mer* jusqu'ici explorée par les oiseaux seulement. Ils emportèrent de la paille pour faire du feu, afin d'avoir de l'air chaud dans le ballon aussi longtemps qu'ils le voudraient, à moins que la provision de paille ne s'épuisât auparavant.

Le tout alla pour le mieux, ce qui encouragea d'autres personnes à entreprendre le périlleux voyage.

Plus tard, Pilâtre de Rozier périt victime de son courage.

On ne gonfle plus les ballons au moyen d'un feu de paille.

180. — Pensez-vous que ce devait être commode de faire un feu de paille dans un panier en osier?

Non, n'est-ce pas, mes amis? On aurait pu y mettre le feu, me direz-vous.

C'est, en effet, ce qui arriva à Pilâtre de Rozier, un jour qu'il voulut traverser la *Manche* pour passer en Angleterre à l'aide d'un *navire aérien*. Le ballon prit feu, et l'*aéronaute* fut précipité d'une très grande hauteur.

Vous savez qu'on appelle *aéronaute* celui qui s'élève ainsi dans les airs, et *aérostats* les ballons eux-mêmes.

Voyant les dangers que pouvaient occasionner les feux de paille, on chercha un autre moyen de gonfler les ballons; mais alors définitivement, avant de leur faire quitter la terre.

On les gonfla avec du *gaz hydrogène* qui est environ quinze fois plus léger que l'air; mais ce gaz a l'inconvénient de traverser trop facilement l'enveloppe du ballon, qui diminue alors peu à peu de volume et descend trop tôt.

On est parvenu cependant à préparer des étoffes imperméables que le gaz ne peut traverser.

Enfin, on a remplacé l'hydrogène par le *gaz d'éclairage* dans le gonflement des ballons.

Pour remplir le ballon, on le fait communiquer avec une conduite de gaz.

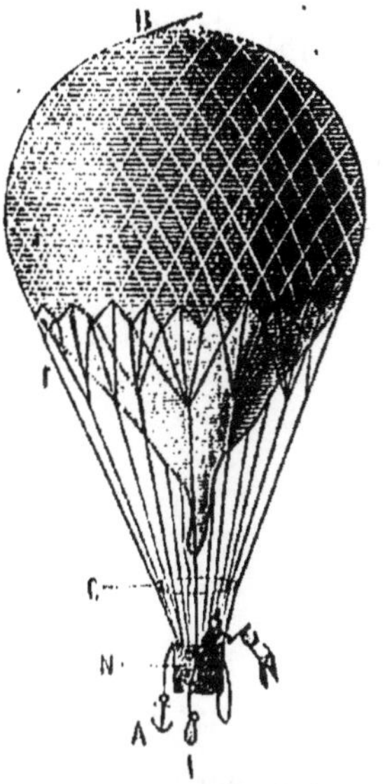

Le ballon est enveloppé d'un filet de cordes auxquelles on suspend la nacelle. Lorsqu'on le trouve suffisamment gonflé, l'aéronaute monte dans la nacelle pendant que des hommes tirent sur des cordes qui le retenaient à la surface du sol et que l'on décroche.

A un moment donné, quand tout est fini, l'aéronaute crie : « *Lâchez tout* », et voilà la *grosse poire* qui s'élève pour commencer son voyage aérien.

Les ballons ont déjà rendu de grands services, notamment pendant la guerre de 1870 à 1871, et ils en rendront encore de bien plus grands le jour où l'on saura bien les diriger, si toutefois l'on y parvient.

Dans les localités où il n'y a pas de gaz d'éclairage, on a recours à l'hydrogène qui se fabrique sur place, comme le montre la figure 224.

Fig. 223. — Ballon en ascension.

B, soupape de dégonflement ; — F, cordages ; — C, cercle rapprochant les cordes ; — N, nacelle ; — A, ancre ; — I, corde de sûreté.

Le Lest et le Parachute.

181. — Dans son voyage aérien, l'aéronaute peut avoir besoin d'*alléger* son appareil, ou de l'*alourdir*.

Il emporte avec lui, dans la nacelle, un certain

nombre de sacs remplis de sable. Ce sable prend le nom de *lest*.

L'aéronaute a-t-il besoin de s'élever, il verse du sable qui tombe sur la terre, et le ballon monte; a-t-il besoin de descendre, il tire la corde qui fait ouvrir une soupape située à la partie supérieure du ballon, le gaz

Fig. 224. — Gonflement d'un ballon où il n'y a pas d'usine à gaz.
Q, support; — T, tuyau faisant communiquer les appareils à gaz hydrogène avec le ballon par la tuyère O.

s'échappe, et l'air entre dans le ballon qui devient d'autant plus lourd qu'il en entre davantage et qu'il sort davantage de *gaz*.

Quand le ballon descend et qu'il va toucher le sol, il pourrait être traîné si le vent était fort. On jette alors une *ancre* attachée à la nacelle, et qui finit par s'accrocher à quelque objet et empêche ainsi le ballon d'être traîné.

Enfin, si l'aéronaute voit du danger à se laisser emporter par un ballon, il l'abandonne et descend en *parachute*.

Le parachute ressemble à un jouet d'enfants, jouet

bien connu de vous tous. Le papier représente le parachute proprement dit, et le bouchon de liège représente la nacelle qui y est attachée.

L'aéronaute se place dans la nacelle, détache l'appareil qui descend d'abord avec une très grande vitesse; mais le vent s'engouffre dessous, comme sous un parapluie, et en ralentit la *chute*.

Cette descente n'est pas sans danger. Aussi est-elle peu pratiquée.

A ce sujet, laissez-moi vous dire ce que j'ai vu tout dernièrement : c'était le dimanche 31 août 1890. Un ballon partit de Puteaux, près de Paris. Il était monté par deux jeunes aéronautes.

En quittant la terre, la *grosse poire* s'accrocha à un arbre ou à une maison, et fut déchirée. Naturellement le gaz commença à s'échapper.

Néanmoins, le ballon s'éleva jusqu'à 1000 mètres de hauteur. Puis il se dégonfla et descendit assez rapidement en semant l'angoisse chez toutes les personnes témoins du fait. Mais grâce au sang-froid des deux aéronautes qui surent faire usage de leur *lest*, l'at*terrissement* eut lieu dans d'assez bonnes conditions.

Le ballon s'était déchiré par le bas. Le gaz plus léger que l'air occupait donc la partie supérieure de l'aérostat et ne s'échappait pas trop vite. L'étoffe du ballon *forma parachute* et nos deux aéronautes en furent quittes pour la peur.

Je dois vous dire que le vent soufflait avec violence, ce qui aurait pu précipiter la chute du ballon; mais ce fut peut-être ce qui la ralentit.

Comment se produit le vent.

182. — Le vent est de l'air en mouvement. Mais comment se produit-il ?

Vous savez qu'il fait très chaud à l'équateur; que le soleil y chauffe fortement l'atmosphère: l'air chaud monte et l'air froid vient le remplacer, s'échauffe à son tour et monte, et ainsi de suite.

C'est ainsi que les vents prennent naissance.

Et si tout se passait aussi régulièrement à la surface de notre globe que dans une chambre quand nous plaçons une bougie allumée devant un bon feu, ou dans une porte entre-bâillée faisant communiquer une pièce chauffée avec une pièce froide, le vent soufflerait toujours en France du Nord au Sud, du pôle nord à l'équateur, mais les montagnes et d'autres causes encore en changent souvent la direction.

Pour s'assurer que l'air chaud monte, il suffit de jeter sur une pelle rougie au feu de tout petits morceaux de papier. Ceux-ci ne touchent même pas la

Fig. 225. — Effet de l'air en mouvement.

Une bougie allumée et placée dans une porte ouverte ou simplement entre-bâillée faisant communiquer une pièce froide avec une pièce chauffée. En bas, la flamme est poussée vers la chambre chaude par l'air qui vient de la chambre froide. En haut, la flamme est poussée vers la chambre froide par l'air chaud qui y pénètre. A moitié chemin du haut et du bas, la flamme reste droite, attendu qu'elle est également poussée des deux côtés à la fois.

pelle; ils sont emportés en haut, par l'air chaud s'élevant du métal.

On peut bien s'assurer de la mise en mouvement de l'air en plaçant une bougie dans une porte entre-bâillée faisant communiquer une chambre chauffée avec une chambre froide.

Utilité du vent.

183. — A ne considérer les effets du vent que par les tempêtes dans lesquelles il fait sombrer les navires en pleine mer, ou déracine les arbres, ou renverse les maisons, il est *nuisible*. Mais il faut reconnaître son utilité.

C'est lui qui pousse les ailes du *moulin à vent*, et les fait tourner pour écraser le blé qui nous donne la farine.

C'est encore lui qui emporte au loin les odeurs malsaines des grandes villes, odeurs qui seraient nuisibles aux habitants.

Questionnaire. — Pourquoi les ballons s'élèvent-ils dans l'air? — Qui a inventé les ballons? — A quelle époque? — Comment appela-t-on les premiers ballons? — Comment gonflait-on les premiers ballons? — Nommez les deux premiers aéronautes? — Comment périt Pilâtre de Rozier? — Avec quoi et comment gonfle-t-on les ballons aujourd'hui? — A-t-on trouvé le moyen de diriger les ballons? — Qu'appelle-t-on lest? — Qu'est-ce qu'un parachute? — S'en sert-on souvent? — Comment se produit le vent? — Le vent est-il utile?

Trentième Leçon.

L'ORAGE EST UNE CHOSE EFFRAYANTE

184. — « Sauvons-nous, disait petit Paul, qui était dans la plaine avec son frère André! sauvons-nous, j'ai peur! — Qu'as-tu? lui disait André. As-tu vu un loup sortir du bois? — Oh! non, répondit petit Paul; mais nous aurons de l'orage! vois comme le ciel est noir; il fait des éclairs et le tonnerre va gronder! Oh! viens, sauvons-nous à la maison! »

Le Bâton de cire et le Porte-plume magique.

185. — Les orages causent de la frayeur à tout le monde, mais principalement aux personnes qui ne se rendent compte de rien.

Puisque c'est si effrayant, cherchons à bien comprendre comment cela se produit.

Ce soir, quand il fera bien nuit, prenez votre chat, passez et repassez votre main sur son dos, et vous verrez une lueur qui vous rappellera un peu celle qu'on obtient en frottant une allumette dans l'obscurité. Vous entendrez même un léger *crépitement*. Mais, comme nous n'avons pas de chat ici, et qu'il ne fait pas nuit, servons-nous d'un bâton de cire à cacheter et d'un morceau d'étoffe.

Je frotte le bâton de cire avec l'étoffe, et j'en approche l'extrémité de petits morceaux de papier qui sont attirés et viennent s'attacher à la cire. Les savants disent que, dans cet état, le bâton de cire est chargé *d'électricité*, qu'il est *électrisé*.

Faites cela ce soir chez vous dans l'obscurité, et approchez le bâton de votre oreille : vous entendrez un petit bruit. Frottez de nouveau le bâton et approchez-le de l'oreille d'une autre personne : vous verrez une lueur, une *étincelle électrique*, jaillir entre les deux objets.

C'est l'électricité qui, en traversant la couche d'air placée entre l'oreille et le bâton de cire, produit ce bruit et cette étincelle.

Un porte-plume en caoutchouc produirait le même effet que le bâton de cire, mais à un moindre degré ; c'est pourquoi je ne m'en suis pas servi. Les charlatans l'appelleraient le *porte-plume magique*.

L'Éclair, le Tonnerre, la Foudre.

186. — S'il s'est produit une étincelle entre l'oreille de votre voisin et le bâton de cire, c'est que tous les deux étaient électrisés.

En temps d'orage, la même chose se passe entre deux nuages assez rapprochés l'un de l'autre. Leurs électricités se combinent et l'étincelle électrique qui en résulte donne cette lueur souvent en zigzag que l'on aperçoit dans l'air, et qu'on appelle l'*éclair*.

Le petit bruit que vous avez entendu en approchant le bâton de cire de votre oreille, se produit en grand entre les nuages lorsque l'étincelle prend naissance. Ce bruit est le *tonnerre*.

Cette décharge d'électricité qui a lieu entre deux nuages est encore appelée la *foudre* ; mais on lui donne plus particulièrement ce nom quand elle a lieu non plus entre deux nuages, mais entre un nuage et la terre, ou un nuage et un arbre, un clocher, etc... C'est pourquoi vous entendez dire : *La foudre est tombée.*

Les effets de la foudre sont terribles.

187. — La foudre est quelque chose de bien terrible. Elle *tombe* le plus souvent sur les objets élevés : les clochers, les monuments, les arbres...

La foudre est capable de tout briser, de tout fondre, de tout brûler. Elle peut mettre le feu à une maison, à un tas de paille ou de blé comme cela se voit malheureusement trop souvent. Elle tue l'homme et les plus grands animaux. Presque toutes les personnes tuées par la foudre l'ont été sous des arbres où elles s'étaient réfugiées à l'abri de la pluie. Mieux vaut donc se mouiller.

Ainsi ne vous réfugiez jamais sous les grands arbres en temps d'orage.

Le paratonnerre préserve de la foudre.

188. — Sachant qu'une pointe métallique approchée d'un corps électrisé lui soutire son électricité, un savant américain, Benjamin Franklin, lança dans l'air au milieu des nuages électrisés et au moment d'un fort orage, un cerf-volant muni d'une pointe en fer. Il obtint, en approchant le doigt de la corde du cerf-volant, attachée à un poteau, des étincelles électriques.

Cette expérience amena l'invention du *paratonnerre*.

Le paratonnerre est un instrument destiné à garantir les édifices de la foudre.

Il se compose d'une tige de fer terminée par une pointe de platine, métal qui ne se rouille pas et résiste à une très forte chaleur sans se fondre. Cette pointe peut encore être en fer doré.

Le paratonnerre est en communication par sa base avec une barre de fer qui parcourt tout le faîte du bâtiment, puis avec une chaîne du même métal, qui descend le long du bâtiment sans y toucher, et s'en-

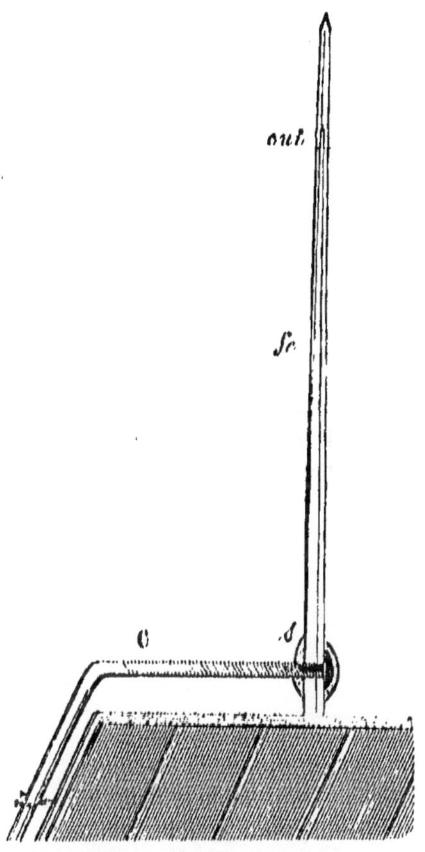

Fig. 226. — Paratonnerre.

Cuivre depuis Cui, jusqu'au sommet ; — Fe, fer ; — S, point de jonction du paratonnerre et de la tige conductrice C.

gage dans un puits contenant de l'eau ou de la braise de boulanger, où l'électricité se perd.

Quand un nuage vient à passer au-dessus d'un édifice surmonté d'un paratonnerre, son électricité se dirige vers la pointe du paratonnerre et va se perdre dans la terre. De cette manière le monument est préservé de la foudre.

Si c'est un bâtiment de grande étendue, on le surmonte de plusieurs paratonnerres.

Nous avons terminé nos *Leçons de choses*, mes amis ; puissiez-vous en retenir quelques fruits et profiter de ces causeries sur les choses de la nature pour apprendre à observer, à réfléchir, pour devenir des hommes utiles à notre chère Patrie !

Questionnaire. — Que disait petit Paul ? — Quelle expérience peut-on faire avec un bâton de cire à cacheter ? — Qu'est-ce qui produit l'éclair ? — Qu'est-ce que la foudre ? — Qu'est-ce que le tonnerre ? — Quels sont les effets de la foudre ? — Est-il prudent de se réfugier sous les arbres en temps d'orage ? — Qu'est-ce que le paratonnerre ? — A quoi sert-il ? — Où se rend l'électricité du nuage quand elle se porte sur la pointe du paratonnerre ?

FIN

TABLE DES MATIÈRES

II. — RÈGNE VÉGÉTAL.

III. — MINÉRAUX & MÉTAUX

FIN DE LA TABLE DES MATIÈRES

934. — Imprimeries réunies, A, rue Mignon, 2, Paris.

Cours d'Arithmétique, par M. E. COMBETTE. 1 fort volume in-8°, 2° éd. Broché, 6 fr.; en cart. anglais.   7 fr.

On trouve dans ce Cours une théorie complète des propriétés élémentaires des nombres entiers avec les développements nécessaires aux candidats à l'École polytechnique.

La *Notion de limite*, indispensable pour la théorie des fractions décimales périodiques et pour l'étude des nombres incommensurables, est introduite avec clarté dès le livre III : les propriétés importantes des limites sont démontrées simplement, mais avec une rigueur suffisante pour que l'idée acquise soit très nette.

Le livre IV donne d'importantes indications sur les conversions des mesures *anciennes* et *étrangères* en mesures *légales*.

Le livre V, contenant les propriétés des racines carrées et cubiques, et un chapitre important sur les opérations relatives aux nombres incommensurables, se termine par le calcul des radicaux;

Les approximations numériques sont l'objet d'une étude approfondie, nécessitée par les questions difficiles posées aux divers concours : les questions fondamentales de cette partie du Cours ont été traitées d'abord par les opérations abrégées, puis par l'erreur relative, et les idées théoriques ont toutes été appliquées à des exemples numériques.

Cours d'Algèbre élémentaire, par M. E. COMBETTE. 1 fort volume in-8° avec 88 figures dans le texte. 2° éd. Broché, 10 fr.; en cart. anglais................. 11 fr.

Ce Cours d'algèbre, qui marque un véritable progrès dans l'enseignement, a surtout pour but de familiariser l'élève avec les procédés si précieux de cette science. Toutes les théories sont appliquées à des exemples choisis parmi ceux qui se présentent le plus souvent : les difficultés sont abordées sérieusement, sans se borner à condenser une explication superficielle dans une phrase habilement faite : il faut que l'élève comprenne et qu'il puisse, dans tous les cas, se rendre compte lui-même des moindres détails sans recourir à sa mémoire. Dans toutes les questions de discussion, qui sont particulièrement soignées, l'auteur fait appel à la continuité pour lier entre elles les diverses parties de la question ; des courbes figuratives, dans leur région utile, sont construites dans ce but et achèvent de mettre en lumière tout ce que le calcul a indiqué.

La théorie des déterminants a été placée à la fin du Cours pour rendre service aux élèves qui se destinent aux mathématiques spéciales et qui ne sauraient s'habituer trop tôt à ces procédés de calcul si féconds. Elle se termine par la résolution d'un système de n équations du 1er degré et par la discussion complète des solutions contenues dans le théorème de M. E. Roucher.

La seconde édition a reçu quelques améliorations qu'il est utile de mentionner :

1° — La méthode de résolution en nombres entiers de l'équation du 1er degré à 2 inconnues a été changée : ce problème se déduit plus aisément de la recherche du plus grand commun diviseur à deux nombres entiers.

2° — L'auteur a changé les méthodes qui conduisent à la condition nécessaire et suffisante pour que deux équations du second degré aient au moins une racine commune, et il a donné les diverses formes de cette condition qu'il importe de connaître pour plusieurs questions d'algèbre.

3° — La résolution des équations irrationnelles a été traitée plus complètement.

4° — Un chapitre nouveau a été consacré à la résolution de deux inégalités simultanées dont une au moins est du deuxième degré.

5° — La discussion des fonctions a été complétée par une théorie sommaire des Dérivées et de leurs applications; le tracé des branches infinies dans les courbes figuratives a été précisé par la recherche des asymptotes déduite d'une transformation simple de la fonction explicite.

6° — La méthode dite des Substitutions, qui simplifie tant *quelquefois* la discussion d'un problème, a été appliquée à des exemples remarquables.

7° — La discussion générale du quotient de deux trinômes du second degré a été ajoutée, ainsi que les formes principales de la courbe figurative.

8° — Les exercices et problèmes, dont le nombre s'est trouvé beaucoup augmenté de questions proposées dans les diverses Académies au baccalauréat ès sciences, ont été reportés à la fin du Cours, et classés méthodiquement.

Cours abrégé d'algèbre élémentaire, à l'usage des candidats au baccalauréat ès sciences (mathématiques préparatoires et mathématiques élémentaires, 1re année), par M. E. Combette, 1 vol. in-8° br., 4 fr. 50; en cart. anglais . . . . 5 fr. 50

Ce cours peut être considéré comme une introduction au précédent, les matières exigées pour l'examen du baccalauréat ès sciences y ont seules trouvé place. Les démonstrations sont aussi simplifiées que possible tout en conservant leur caractère de rigueur scientifique à laquelle les élèves doivent être habitués dès le début.

Cours de Géométrie élémentaire, par M. E. COMBETTE.

1 fort vol. in-8° avec 866 figures dans le texte. 2° éd.
Broché, 10 fr.; en cart. anglais................. 11 fr.

L'enseignement de la géométrie doit être dirigé de façon à éveiller chez l'élève le goût des problèmes, et, plus tard, le besoin de discuter complètement les questions de pure géométrie : l'auteur a su placer dans son Cours des applications intéressantes, traitées complètement, qui ont le triple avantage d'intéresser l'élève, de lui faire comprendre toute la portée des théorèmes élémentaires, et de l'initier aux éléments de géométrie moderne.

Il a pu ainsi faire entrer dans le cadre de son livre les propriétés indispensables de la *division harmonique*, des *transversales dans le triangle*, des *faisceaux harmoniques*, des *centres de moyennes distances*, des *figures inverses*, des *pôles et polaires dans le cercle*, des *axes radicaux*, de tous les problèmes relatifs aux *circonférences tangentes à des droites et à des circonférences*.

Dans le livre V, qui commence la géométrie de l'espace, l'ordre des idées de Legendre a été conservé : il semble qu'on ait augmenté le danger des cercles vicieux par les modifications tentées dans cette partie de la géométrie : le retour aux méthodes de Legendre a paru plus conforme aux intérêts de l'enseignement.

Les compléments de géométrie sphérique se trouvent à leur place naturelle et sont marqués d'astérisques.

La dernière partie de l'ouvrage est consacrée à une étude élémentaire complète de *l'ellipse*, de la *parabole* et de *l'hyperbole*, qui sont rattachées entre elles par les propriétés des *directrices* et aussi par la considération des cônes de révolution qui conduit à les regarder *comme perspectives du cercle*. Les *sections circulaires* des cônes obliques et les propriétés des *projections stéréographiques* terminent avec *l'hélice* ce Cours, qui comprend toute la partie géométrique de l'enseignement secondaire.

On remarquera dans la nouvelle édition quelques modifications dans l'ordre des applications de l'homothétie et de la mesure des volumes, où se trouve introduit le théorème général permettant de cuber le solide limité par deux polygones à plans parallèles, et par des triangles ayant pour bases et sommets les côtés et les sommets de ces polygones.

Les énoncés de problèmes donnés aux examens récents ont été ajoutés parmi les nombreux exercices déjà proposés.

Cours de Mécanique élémentaire, par M. E. COMBETTE.

1 vol. in-8°, avec 233 figures dans le texte. Broché, 5 fr.;
en cart. anglais.............................. 6 fr

Les éléments de mécanique sont exigés dans plusieurs concours ou examens : *École navale, baccalauréat ès sciences, École spéciale militaire, École forestière.* Les programmes ne sont pas identiques, mais ils imposent tous la même méthode : la différence est dans l'étendue des matières. Il était donc possible de faire un cours répondant à ces diverses exigences; l'auteur l'a rédigé en vue de la classe de *mathématiques élémentaires (deuxième année)*, dont l'enseignement doit préparer à la fois à tous ces examens.

Des astérisques indiquent les développements qui ne sont pas exigés pour le baccalauréat; les autres candidats trouveront aisément la partie qu'il leur est utile de connaître en comparant leur programme à la table des matières.

Voici les principales divisions de l'ouvrage :

LIVRE I. Forces concourantes et parallèles. — Préliminaires. — Composition des forces concourantes. — Composition des forces parallèles. — Moments. — Centres de gravité. — Exercices.

LIVRE II. Équilibre des forces appliquées a un corps solide. Machines simples. — Réduction des forces appliquées à un corps solide. — Équilibre d'un corps libre. — Conditions pour qu'un système de forces admette une résultante. — Équilibre d'un corps solide qui n'est pas libre. Levier, balances. Poulies. — Treuil. — Plan incliné. — Notions sur le frottement. — Exercices.

LIVRE III. Éléments de cinématique. — Mouvement rectiligne uniforme. — Mouvement rectiligne varié. — Mouvement rectiligne uniformément varié. Mouvement des corps pesants dans le vide, machine d'Atwood. — Accélération dans le mouvement rectiligne varié. — Composition des mouvements. Mouvement des projectiles. — Mouvement de rotation uniforme. — Exercices.

LIVRE IV. Notions de dynamique. — Lois fondamentales. — Du travail mécanique. Transmission du travail dans les machines. Force vive. — Exercices.

Cours de Trigonométrie, par M. A. Rebière. 1 vol. in-8° avec 69 figures dans le texte. 3° éd. Broché, 3 fr. 50; en cart. anglais.............................. 4 fr. 50

L'ouvrage est divisé en quatre livres, subdivisés eux-mêmes en chapitres : *Lignes trigonométriques; Tables; Résolutions de triangles; Application au levé des plans.*

Des problèmes choisis sont résolus et discutés complètement. En outre, quatre cents exercices proposés aux concours et examens sont énoncés à la suite des chapitres et des livres.

Des tableaux détaillés des principaux calculs indiquent les dispositions les plus commodes et les plus claires, et les vérifications indispensables.

Les questions qui ne sont pas exigées pour le baccalauréat ès sciences, mais qui peuvent être demandées aux candidats à certaines écoles, sont traitées sobrement. Voici les principales de ces questions hors cadre :

Trisection et quadrisection. — Somme des sinus d'arcs en progression. — Identités et équations, binômes ou autres. $a - \sin a < \frac{a^3}{6}$. — Cas non classiques de résolutions de triangles. — Maximums, variations et vraies valeurs d'expressions trigonométriques. Imaginaires et formule de Moivre. — Théorème des projections. — La formule fondamentale de la trigonométrie sphérique. — Triangulations et réduction au centre de station, etc.

Cours de Géométrie descriptive, par M. J. CARON.

1 vol. in-8° avec un atlas de 16 planches gravées sur cuivre, contenant 170 figures ou épures (*ligne droite et plan*). 5 fr. — En cartonnage anglais. . . . . . 6 fr.

SUPPLÉMENT à l'usage des candidats à l'École de Saint-Cyr, 1 volume in-8° avec atlas de 16 planches gravées sur cuivre, contenant 80 figures ou épures (*cônes, cylindres et sphères*). 6 fr. — En cartonnage anglais. . . . 7 fr.

Chacun des deux *Cours de géométrie descriptive* se compose d'un volume de texte et d'un atlas dans lequel les épures, dessinées par l'auteur lui-même, ont été reproduites par la *photogravure*.

La 1re partie est destinée aux candidats aux baccalauréats et à toutes les écoles; en voici les principales divisions : Représentation du point, de la droite, du plan. — Intersection des droites et des plans. — Intersection de deux polyèdres. — Droites et plans rectangulaires. — Changements de plans; rotations; rabattements. — Résolution des trièdres. — Méthode des plans-côtés.

Dans la 2e partie, destinée seulement aux candidats à l'École spéciale *militaire*, sont traitées les questions suivantes : Projection des courbes, tangente, normale, asymptote. — Projection de la circonférence. — Surfaces, plans tangents, normale, intersection des surfaces, contours apparents, ombres propres et ombres portées. — Plans tangents aux cônes et aux cylindres. — Surfaces de révolution. — Problèmes sur la sphère. Sections planes des cylindres et des cônes. — Hélice.

L'ouvrage se termine par les solutions de problèmes de géométrie descriptive proposés au concours de Saint-Cyr, accompagnées des épures correspondantes.

D'ailleurs un grand nombre d'exercices sont indiqués à la suite de chaque question traitée.

Cours de Cosmographie, par M. P. Porchon, 1 vol. in-8,
2ᵉ édit., avec 174 figures dans le texte et 4 planches hors
texte. Broché, 5 fr.; en cart. anglais. . . . . 6 fr.

Ce cours est empreint des qualités d'exposition, simplicité, clarté et
élégance de style qui ont fait le succès du Cours de mathématiques
du même auteur, pour les classes de lettres.

De plus il est orné de nombreuses et belles figures, qui, souvent,
reproduisent des photographies ou des dessins d'après nature, et font
assister le lecteur aux phénomènes astronomiques. La division suivie
est la même que celle du Cours de rhétorique, savoir cinq livres consacrés à *la sphère céleste, la terre, le soleil, la lune* et *le système du
monde*. Mais l'auteur a donné plus de développements aux diverses
questions et, sans surcharger les descriptions de calculs algébriques
et de démonstrations géométriques, il montre les belles applications
que les mathématiques ont fournies à l'astronomie. Deux notes ter-
minant l'ouvrage sont consacrées à la *démonstration physique de la
rotation de la terre* et à des *notions d'astronomie nautique*. Un asté-
risque est placé devant les paragraphes correspondant aux matières
non exigées pour le baccalauréat ès sciences. L'introduction de cette
science, qui est une des plus belles applications des mathématiques,
dans le programme d'admission à *l'École militaire de Saint-Cyr*,
donne une importance nouvelle à son enseignement dans les classes
de mathématiques élémentaires. Un supplément contient des développements complémentaires sur quelques-unes des questions demandées pour cet examen, en particulier sur *les projections polyédriques,
les constructions des cartes*, etc.

HISTOIRE — GÉOGRAPHIE

Précis d'histoire des temps modernes (1453-1887),
à l'usage des candidats à l'École spéciale militaire de
Saint-Cyr, et aux deux baccalauréats, par G. Duombres,
ancien élève de l'École normale supérieure, professeur
agrégé d'histoire au lycée Henri IV. 1 fort volume in-12,
2ᵉ édition. Broché, 4 fr. 50; cart. . . . . 5 fr.

Cet ouvrage s'adresse aux candidats à l'École militaire de Saint-
Cyr et aux élèves des classes supérieures.

La première partie s'étend de 1453 à 1610. Bien que les derniers
programmes de Saint-Cyr ne comprennent plus la période de 1453
à 1610, l'histoire du XVIIᵉ siècle ne peut être bien connue sans un retour sur la transformation de l'Europe féodale, la Renaissance, la
Réforme, les grandes luttes d'Italie, la rivalité de la France et de

l'Espagne au xvi° siècle, les origines de la grandeur maritime et coloniale de l'Angleterre sous le gouvernement des Tudors. Les résumés de cette période forment l'introduction naturelle au cours de Saint-Cyr.

La deuxième partie (1610 à 1789) et la troisième (1789 à 1848) renferment les matières du programme de Saint-Cyr et des deux baccalauréats ès lettres (1re et 2° parties) et ès sciences.

De 1848 à 1887, les faits ont été groupés par État : une part plus large a été donnée aux constitutions et aux changements territoriaux qui ont été la conséquence des événements de 1859, 1864, 1866 et 1870-1871.

Les divisions des programmes officiels pour les classes des lycées ont été observées dans les limites du possible, particulièrement pour la période qui s'étend de 1453 à 1848.

L'auteur a reproduit dans ce précis la substance des leçons qu'il professe depuis plusieurs années aux candidats à l'École de Saint-Cyr, en s'attachant surtout à l'étude des questions militaires et territoriales exigées pour l'admission à cette école. De nombreux résumés et des tableaux généalogiques permettront aux élèves de classer avec facilité, dans leur mémoire, les nombreux faits dont la connaissance leur est imposée, sans négliger les idées générales et les vues d'ensemble, sans lesquelles l'histoire perd son puissant intérêt et même son principal attrait.

La guerre de 1870-71, par BOERT, d'après le colonel fédéral suisse Rustow, 1 vol. in-18. . . . . 3 fr. 50

La Révolution française, résumé historique, par H. CARNOT, sénateur, 1 vol. in-18 . . . . 3 fr. 50

Histoire de dix ans (1830-1840), par LOUIS BLANC, 5 vol. in-8. . . . . 25 fr.

Histoire de huit ans (1840-1848), par ÉLIAS REGNAULT, 3 vol. in-8. . . . . 15 fr.

Histoire du Second Empire (1849-1870), par TAXILE DELORD, 6 vol. in-8. . . . . 42 fr.

Histoire de la Prusse, depuis la mort de Frédéric II jusqu'à la bataille de Sadowa, par EUG. VÉRON, 1 vol. in-18. 3 fr. 50

Histoire de l'Allemagne, depuis le bataille de Sadowa jusqu'à nos jours, par EUG. VÉRON, 1 vol. in-18. 3 fr. 50

Précis de géographie physique, politique et militaire,

par Louis BOUGIER, ancien élève de l'École normale supérieure, professeur agrégé d'histoire et de géographie au collège Rollin. 1 fort vol. in-12. 2º édition, revue et corrigée. Broché, 7 fr. ; cart. . . . . 7 fr. 50

L'importance donnée pour l'examen de Saint-Cyr à la géographie, et l'intérêt qui s'attache à la vulgarisation des notions de géographie militaire ont donné naissance à de nombreuses publications.

L'auteur de cet ouvrage s'est surtout appliqué à faire connaître l'état actuel de la France et de ses colonies, et de l'Europe occidentale.

Pour la France, il s'est appliqué d'abord à décrire avec précision les caractères physiques des diverses régions du sol national, côtes, montagnes et cours d'eau. Puis il a exposé le système adopté depuis la dernière guerre pour la défense du pays. Le chapitre dans lequel sont exposés les principes des nouvelles forteresses est absolument neuf dans les livres de géographie classique. Il était important que les jeunes gens qui, en sortant du lycée, entrent dans l'armée, connussent les grands traits de notre organisation défensive; jusqu'à présent, cet enseignement était exclusivement réservé aux élèves des Écoles militaires; on continuait dans la plupart des ouvrages d'enseignement à donner la nomenclature des vieilles forteresses, condamnées ou démantelées depuis dix ans. Cette lacune est comblée, et les écoliers ne seront pas les seuls à trouver des renseignements utiles dans ce nouveau volume.

Les chapitres consacrés à l'Algérie et aux colonies, ont été l'objet d'un soin tout spécial. L'attention qui s'attache aujourd'hui à notre empire colonial donne à cette étude un intérêt immense. La France africaine et la Tunisie sont décrites avec détails, comme il convenait à ces prolongements directs de la métropole. Le Sénégal et le Gabon, où de nos jours se portent les efforts d'intrépides explorateurs, ont été l'objet d'une étude plus discrète, mais suffisante.

Enfin nous signalerons les pages consacrées à nos possessions de l'océan Indien et Pacifique; grâce à un séjour de plusieurs années à Brest, l'auteur a pu obtenir des officiers et des médecins de marine des renseignements précis sur ces colonies lointaines, et contrôler les notions parfois peu scientifiques contenues dans d'autres ouvrages.

L'Europe centrale, l'Allemagne en première ligne, où tant de fois ont manœuvré nos armées, est, après la France, le pays qu'il nous importe le plus de connaître. La géographie physique de cette région, alpes, système hercynien, grands fleuves, est exposée avec détails. L'auteur s'est appliqué à rendre attrayante cette étude parfois si ingrate. En regard de l'organisation défensive de la France contemporaine, il est intéressant de lire les pages consacrées aux préparatifs de guerre offensive, savamment combinés par le grand état-major de Berlin. Strasbourg, Metz, Cologne ont été complètement transformés depuis 1870. Le Rhin n'est plus qu'un fossé que traversent des ponts magnifiques assignés d'avance à chacun des corps d'armée de l'empire allemand; enfin Berlin est pourvu de huit grandes lignes de guerre, destinées à jouer un rôle capital dans le cas d'une alliance franco-russe.

Les autres contrées de l'Europe sont décrites avec la plus grande sobriété, sauf les bassins du Danube, du Pô et de l'Èbre. Enfin, quelques pages très condensées sont consacrées aux autres parties du monde. L'auteur a surtout insisté sur les États fondés par les Européens, et les colonies auprès desquelles les nôtres sont jusqu'à aujourd'hui si peu étendues et relativement si peu prospères.

La France par rapport à l'Allemagne, étude de géographie militaire, 1 vol. in-8.. . . . . 6 fr.

L'expansion coloniale de la France, étude économique, politique et géographique de nos établissements d'outre-mer, par J.-L. DE LANESSAN, député de la Seine, 1 fort vol. in-8 avec 19 cartes dans le texte. . . . . 12 fr.

Les colonies françaises, par P. GAFFAREL, professeur à la Faculté des lettres de Dijon, 1 vol. in-8. . . . . 5 fr.

L'Algérie, par M. WAHL, professeur agrégé d'histoire au lycée Lakanal. 2ᵉ édit. 1 vol. in-8. . . . . 5 fr.

La Tunisie, par J.-L. DE LANESSAN, député de la Seine, 1 vol. in-8 avec une carte en couleurs. . . . . 5 fr.

L'Indo-Chine française (Cochinchine, Cambodge, Annam et Tonkin), par J.-L. DE LANESSAN, 1 vol. in-8 avec 8 cartes en couleurs hors texte.. . . . . 15 fr.

PHILOSOPHIE

Résumé de philosophie et analyse des auteurs, à l'usage des candidats au baccalauréat ès sciences, par MM. P.-F. THOMAS, professeur agrégé de philosophie au lycée de Brest, et G. REYNIER, professeur agrégé au lycée de Toulouse. 1 vol. in-12. 2ᵉ édition. . . . . 2 fr.

Le *Résumé de philosophie* est divisé en trois parties : la 1ʳᵉ partie traite de la LOGIQUE; elle est divisée en chapitres sur la certitude et l'évidence; sur la méthode, méthode inductive et méthode déductive;

sur l'application de la méthode aux sciences exactes et aux sciences naturelles.

La 2e partie, la MORALE, traite de la conscience morale, distinction du bien et du mal; des divers motifs de nos actions, le devoir, le droit; des sanctions de la loi morale.

Enfin la 3e partie contient la MORALE PRATIQUE, et comprend la division des devoirs envers Dieu, envers nous-mêmes, envers nos semblables, et se termine par un chapitre sur l'immortalité de l'âme et sur la démonstration de ce dogme.

L'Analyse des auteurs est précédée de courtes notices biographiques et bibliographiques.

Les auteurs latins comprennent Cicéron, César, Virgile, Horace; les auteurs français, Bossuet, Corneille, Molière, Racine, Voltaire, Boileau et La Fontaine. Enfin l'ouvrage se termine par une étude sur les auteurs allemands, anglais, italiens et espagnols, pour répondre à la partie du programme concernant les langues vivantes.

Système de logique déductive et inductive, par J. STUART MILL. 2 vol. in-8. . . . . 20 fr.

La logique inductive et déductive, par A. BAIN, professeur à l'université d'Édimbourg, traduit de l'anglais, par M. G. Compayré, 2 vol. in-8 . . . . 20 fr.

Nature et science, par A. BUCHNER, 1 vol. in-8. 7 fr. 50

La science positive et la métaphysique, par A. LIARD, 1 vol. in-8. 7 fr. 50

La logique de l'hypothèse, par E. NAVILLE, 1 vol. in-8. 5 fr.

Les sciences au XVIIIe siècle, la physique de Voltaire, par ÉMILE SAIGEY, 1 vol. in-8. . . . . 5 fr.

La physique moderne, par ÉMILE SAIGEY, 1 vol. in-18. 2 fr. 50

L'astronomie moderne, par W. DE FONVIELLE, 1 vol. in-18. 2 fr. 50

Classification des sciences, par HERBERT SPENCER, 1 vol. in-18. . . . . 2 fr. 50

La morale dans la démocratie, par J. BARNI, 1 vol. in-8 . . . . 5 fr.

Les principes de la morale, par E. BEAUSSIRE, de l'Institut, 1 vol. in-8 . . . . 5 fr.

La solidarité morale, par H. MARION, professeur à la Faculté des lettres de Paris, 1 vol. in-8, 2ᵉ édition. 5 fr.

Philosophie du droit civil, par AD. FRANCK, de l'Institut, 1 vol. in-8 . . . . 5 fr.

Ces volumes font partie de la *Bibliothèque de philosophie contemporaine*, dont le catalogue complet sera envoyé sur demande.

BIBLIOTHÈQUE
SCIENTIFIQUE INTERNATIONALE

Publiée sous la direction de M. Émile ALGLAVE

La *Bibliothèque scientifique internationale* est une œuvre dirigée par les auteurs mêmes, en vue des intérêts de la science, pour la populariser sous toutes ses formes, et faire connaître immédiatement dans le monde entier les idées originales, les directions nouvelles, les découvertes importantes qui se font chaque jour dans tous les pays.

Chaque savant expose les idées qu'il a introduites dans la science, et condense pour ainsi dire ses doctrines les plus originales.

On peut ainsi, sans quitter la France, assister et participer au mouvement des esprits en Angleterre, en Allemagne, en Amérique, en Italie, tout aussi bien que les savants mêmes de chacun de ces pays.

La *Bibliothèque scientifique internationale* ne comprend pas seulement des ouvrages consacrés aux *sciences physiques et naturelles :* elle aborde aussi les *sciences morales*, comme la *philosophie*, *l'histoire*, la *politique* et *l'économie sociale*, la *haute législation*, etc.; mais les livres traitant des sujets de ce genre se rattachent encore aux sciences naturelles, en leur empruntant les méthodes d'observation et d'expérience qui les ont rendues si fécondes depuis deux siècles.

Cette collection paraît à la fois en français, en anglais, en allemand et en italien : à Paris, chez Félix Alcan; à Londres, chez C. Kegan, Paul et Cⁱᵉ; à New-York, chez Appleton; à Leipzig, chez Brockhaus; et à Milan, chez Dumolard frères.

La collection française comprend actuellement 66 volumes; le catalogue en sera adressé sur demande.

Prix de chaque volume in-8, en un élégant cartonnage anglais, 6 fr.

Envoi franco contre mandat-poste.

Coulommiers. — Imp. P. BRODARD et GALLOIS.

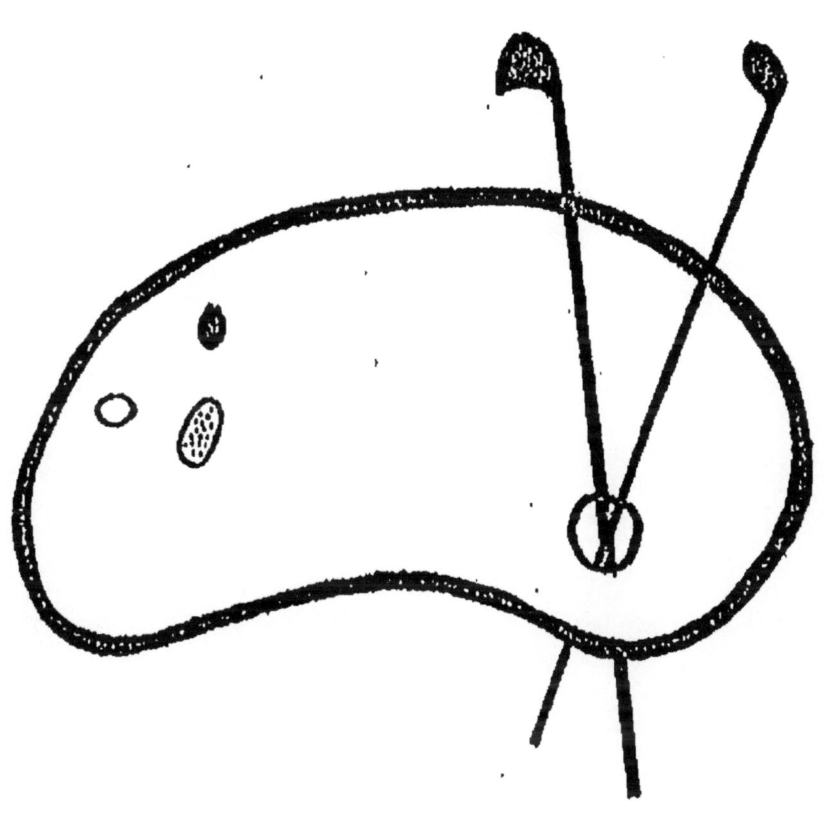

ORIGINAL EN COULEUR
NF Z 43-120-8

www.ingramcontent.com/pod-product-compliance
Ingram Content Group UK Ltd.
Pitfield, Milton Keynes, MK11 3LW, UK
UKHW020734120726
13693UKWH00001B/324